U0518444

企业创立与经营
综合仿真实训教程

QIYE CHUANGLI YU JINGYING

ZONGHE FANGZHEN SHIXUN JIAOCHENG

刘进 卢安文 邓维斌 周青 主编

Southwestern University of Finance & Economics Press
西南财经大学出版社
中国·成都

图书在版编目(CIP)数据

企业创立与经营综合仿真实训教程/刘进等主编.—成都:西南财经大学出版社,2018.8

ISBN 978 - 7 - 5504 - 3324 - 3

Ⅰ.①企…　Ⅱ.①刘…　Ⅲ.①企业经营管理—高等学校—教材

Ⅳ.①F272.3

中国版本图书馆 CIP 数据核字(2017)第 314236 号

企业创立与经营综合仿真实训教程

刘进　卢安文　邓维斌　周青　主编

责任编辑:王青杰

装帧设计:穆志坚　张姗姗

责任印制:朱曼丽

出版发行	西南财经大学出版社(四川省成都市光华村街55号)
网　　址	http://www.bookcj.com
电子邮件	bookcj@foxmail.com
邮政编码	610074
电　　话	028 - 87353785　87352368
照　　排	四川胜翔数码印务设计有限公司
印　　刷	郫县犀浦印刷厂
成品尺寸	185mm×260mm
印　　张	12.75
字　　数	272 千字
版　　次	2018 年 8 月第 1 版
印　　次	2018 年 8 月第 1 次印刷
印　　数	1—2000 册
书　　号	ISBN 978 - 7 - 5504 - 3324 - 3
定　　价	29.80 元

经管类专业虚拟仿真实验系列教材
编 委 会

总 序

　　实践教学是高校实现人才培养目标的重要环节，对形成学生的专业素养，养成学生的创新习惯，提高学生的综合素质具有不可替代的重要作用。加强和改进实践教学环节是促进高等教育方式改革的内在要求，是培养适应社会经济发展需要的创新创业人才的重要举措，是提高本科教育教学质量的突破口。

　　信息通信技术（ICT）的融合和发展推动了知识社会以科学2.0、技术2.0和管理2.0三者相互作用为创新引擎的创新新业态（创新2.0）的形成。创新2.0以个性创新、开放创新、大众创新、协同创新为特征，不断深刻地影响和改变着社会形态以及人们的生活方式、学习模式、工作方法和组织形式。随着国家创新驱动发展战略的深入实施，高等学校的人才培养模式必须与之相适应，应主动将"创新创业教育"融入人才培养的全过程，应主动面向"互联网+"不断丰富专业建设内涵、优化专业培养方案。

　　"双创教育"为经济管理类专业建设带来了新的机遇与挑战。一方面，经济管理类专业建设应使本专业培养的人才掌握系统的专门知识，具有良好的创新创业素质，具备较强的实际应用能力；另一方面，经济管理类专业建设还应主动服务于以"创新创业教育"为主要内容的相关专业的建设和发展。学校在进行包括师资建设、课程建设、资源建设、实验条件建设等内容的教学体系建设中，需要教学内容、资源、方式、手段的信息化提供有力的支撑。《国家中长期教育改革和发展规划纲要（2010—2020年）》提出：信息技术对教育发展具有革命性影响，必须予以高度重视。《教育信息化十年发展规划（2011—2020年）》提出：推动信息技术和高等教育深度融合，建设优质数字化资源和共享环境，在2011—2020年建设1 500套虚拟仿真实训实验系统。经济管理类专业的应用性和实践性很强，其实践教学具有系统性、综合性、开放性、情景性、体验性、自主性、创新性等特征，实践教学平台、资源、方式的信息化和虚拟化有利于促进实践教学模式改革，有利于提升实践教学在专业教育中的效能。但是，我国经济管理类专业实践教学体系的信息化和虚拟化起步较晚，全国高校已建的300个国家级虚拟仿真实验教学中心主要集中在理工农医类专业。为了实现传统的验证式、演示式实践教学向体验式、互动式的实践教学转变，将虚拟仿真技术运用于经济管理类专业的实践教学显得十分必要。

　　重庆邮电大学经济管理类专业实验中心在长期的实践教学过程中，依托学校的信息通信技术学科优势，不断提高信息化水平，积极探索经济管理类专业实践教学的建设与改革，形成了"两维度、三层次"的实践教学体系。在通识经济管理类人才培养的基础上，将信息技术与经济管理知识两个维度有效融合，按照管理基础能力、行业应用能力、综合创新能力三个层次，主要面向信息通信行业，培养具有较强信息技术能力的经济管理类高级人才。该中心 2011 年被评为"重庆市高等学校实验教学示范中心"，2012 年建成了重庆市高校第一个云教学实验平台——"商务智能与信息服务实验室"。2013 年以来，该中心积极配合学校按照教育部及重庆市建设国家级虚拟仿真实验教学中心的相关规划，加强虚拟仿真环境建设，自主开发了"电信运营商组织营销决策系统""电信 boss 经营分析系统""企业信息分析与业务外包系统"三套大型虚拟仿真系统，同时购置了"企业经营管理综合仿真系统""商务智能系统"以及财会、金融、物流、人力资源、网络营销等专业的模拟仿真教学软件，搭建了功能完善的经济管理类专业虚拟化实践教学平台。

为了更好地发挥我校已建成的经济管理类专业虚拟实践教学平台在"创新创业教育"改革中的作用，在实践教学环节让学生在全仿真的企业环境中感受企业的生产运营过程，缩小课堂教学与实际应用的差距，需要一套系统规范的实验教材与之配套。因此，我们组织长期工作在教学一线、具有丰富实践教学经验和企业工作经历的教学和管理团队精心编写了系列化实验教材，并在此基础上进一步开发虚拟化仿真实践教学资源，以期形成完整的基于教育教学信息化的经济管理类专业的实践教学体系，使该体系在全面提升经济管理类专业学生的信息处理能力、决策支持能力和协同创新能力方面发挥更大的作用，同时更好地支持学校正实施的"以知识、能力、素质三位一体为人才培养目标，以创新创业教育改革为抓手，以全面教育教学信息化为支撑"的本科教学模式改革。各位参编人员广泛调研、认真研讨、严谨治学，为该系列实验教材的出版付出了辛勤的劳动，西南财经大学出版社对本系列实验教材的出版给予了鼎力支持。本系列实验教材的编写和出版获得了重庆市高校教学改革重点项目"面向信息行业的创新创业模拟实验区建设研究与实践（编号 132004）"的资助，在此一并致谢！

由于本系列实验教材的编写和出版是对虚拟化经济管理类专业实践教学模式的探索，经济管理类专业的实践教学内涵本身也还在不断地丰富和发展，加之出版时间仓促，编写团队的认知和水平有限，本系列实验教材难免存在一些不足，恳请同行和读者批评指正！

林金朝

2016 年 8 月

企业创立与经营综合仿真实训教程

前　言

　　2014 年 9 月，国务院总理李克强在夏季达沃斯论坛上公开发出"大众创业、万众创新"的号召，几个月后，又将其前所未有地写入了 2015 年政府工作报告予以推动。此后政府通过一系列政策和资金支持，使社会上掀起了双创热潮。高等教育担负着培养创新创业人才的重要使命，"双创"政策之下，我们更需要为大学生提供更多更深入的创业辅导。但是，创业易守业难，只靠政府给予的政策和经济支持是不够的，我们不仅需要通过创业教育培养学生的创业精神，还要让对社会一知半解、对市场只了解皮毛的大学生获得更多的企业经验和实操技能。

　　基于此，我们编写了本教材，分为认知和能力、策略和技能、模拟运营三大篇，共六章，循序渐进地让学生学习创业的理论，掌握创业的技能，并将它们应用于实践操作。因为很难让大量的学生深入企业实习，所以我们使用了方宇博业公司虚拟仿真综合实训平台 VTS-M 进行企业创立与经营管理的模拟训练，通过虚拟场景和体验教学，训练真实工作岗位需要的基本能力和素质，同时让学生了解企业从创建到运营的整个过程，培养学生的团队合作、创新创业等能力，帮助学生提高由割裂的专业知识转化为跨专业领域融会贯通的综合能力。

　　本书由刘进、卢安文、邓维斌、周青主编，付德强、武建军、王帅、李艳直接参与了本书讲义的实践教学，并为本书的编写提出了很多建议，北京方宇博业公司也为本教材提供了一些素材和案例。另外，本书作为重庆邮电大学教材建设项目"企业创立与经营综合仿真实训教程"的直接成果，得到了重庆邮电大学教育教学改革项目"经济管理虚拟仿真实验教学研究与实践探索"（项目编号 XJG1603）的支持，西南财经大学出版社的各级领导和编辑们对本书的出版也给予了大力的支持和帮助，在此一并表示深深的感谢！

　　由于作者水平有限，错误和疏漏之处，恳请读者批评指正。

目　录

认知和能力篇

策略和技能篇

模拟运营篇

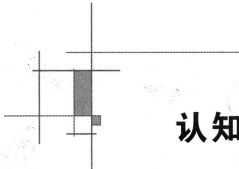

认知和能力篇

第一章 创业认知

随着社会经济的发展，创业活动越来越成为促进我国经济发展、推动就业的一项重要因素，特别是高校学生作为创业活动的主体，其创业活动是我国高等教育改革走向深化的必然趋势，是完成高校学生转型的重要途径，也是高校学生创业内在的本质与价值要求。基于此，高校学生更要正确认识创业，提升自身能力素质，知晓自己是否适合创业以及创业前应该要掌握哪些法律法规知识。

如果想创业，实现自我价值，你是否清楚创业的本质是什么？是否明白创业的价值所在？创业都需要哪些条件，面临哪些风险以及应对策略是什么？如何一步步实现创业？只有搞清楚这些内容，你才能够正确认识创业，为创业打下一定基础。

第一节 创业的本质和价值

一、创业的本质

从广义上来说，创业是基于以创造自我人生价值为驱动的行为；从狭义上来说，创业就是包括创造价值在内的，创建并经营一家新的营利性企业的过程，或者说是通过个人或一个群体投资组建公司，来提供新产品或服务，以及有意识地创造价值的过程。究其本质，创业就是不拘泥于现有资源限制下对机会的追寻，将有价值的机会与富有创业精神的人之间进行结合，为创业机会所驱动，通过思考、推理以及行为方式等，将不同的资源进行组合以利用和开发机会并创造价值，最终主动地把一件事从无到有做起来。从某种意义上来说，创业

> **知识小贴士：爱迪生是不是一位创业家？**
>
> 爱迪生一生拥有 1 000 多项的专利，包括电灯、胶卷等。爱迪生最大的成就在于，他能够使一项发明，在技术上与商业上均可行，并且引发市场需求，为投资者创造丰厚的利润。以电灯的发明为例，如果仅仅在实验室内使一盏灯发亮，只能说是科学上的伟大发明。除非电灯大量生产，具有千小时以上发亮的产品可靠度，否则电灯就可能还只是实验室中的样品。而爱迪生为电灯的商业化应用建构起了整个配套系统，包括发展量产能力、提升产品的可靠度、设置发电厂、开发电力联网系统等。从这个意义上来说，我们是否可以说爱迪生不只是一位发明家，而且还是一位真正的创业家呢？

一定要能够抓住用户的需求。如果一个产品没有抓住用户的需求，这个产品肯定做不起来；反之，如果既抓住了用户的需求，又找到了销售方法，就可以把它做起来。需求不在大小，而在强弱。如果大家都不太需要你的产品，你就不可能成功。有多少人在何种情况下非用你的产品不可，这就是需求。这个需求是不是强烈的需求，直接决定你的产品能不能做起来。

当然，不同的创业类型，所面临的有利因素、不利因素、获取的资源、吸引顾客的途径、成功基本因素以及创业的特点都是有所区别的，具体如表 1-1 所示。

表 1-1　　　　　　　　　　不同创业类型的比照

因素	冒险型的创业	与风险投资融合的创业	大公司的内部创业	革命性的创业
创业的有利因素	创业的机会成本低；技术进步等因素使得创业机会增多	有竞争力的管理团队；清晰的创业计划	拥有大量的资金；创新绩效直接影响晋升；市场调研能力强；对 R&D 的大量投资	无与伦比的创业计划；财富与创业精神集于一身
创业的不利因素	缺乏信用，难以从外部筹措资金；缺乏技术管理和创业经验	尽力避免不确定性，追求短期快速增长，而市场机会有限；资源的限制	企业的控制系统不鼓励创新精神；缺乏对不确定性机会的识别和把握能力	大量的资金需求；大量的前期投资
获取的资源	固定成本低；竞争不是很激烈	个人的信誉；股票及多样化的激励措施	良好的信誉和承诺；资源提供者的转移成本低	富有野心的创业计划
吸引顾客的途径	上门销售和服务；了解顾客的真正需求；全力满足顾客需要	目标市场清晰	信誉、广告宣传；关于质量服务等多方面的承诺	集中全力吸引少数大顾客
成功基本因素	企业家及其团队的智慧；面对面的销售技巧	企业家团队的创业计划和专业化管理能力	组织能力，跨部门的协调及团队精神	创业者的超强能力确保成功的创业计划
创业的特点	关注不确定性程度高但投资需求少的市场机会	关注不确定性程度低的、广阔而且发展快速的市场和新的产品或技术	关注少量的经过认真评估的有丰厚利润的市场机会，回避不确定性程度大的市场利益	技术或生产经营过程方面实现巨大创新，向顾客提供超额价值的产品或服务

资料来源：BHIDE A V. The Origin and Evolution of New Businesses [M]. Oxford：Oxford Univetsity Press，2003.

二、创业的价值

在"大众创业、万众创新"的背景下，创业究竟会给我们带来什么样的价值呢？创业的价值主要包括宏观层面与微观层面两部分。

（一）宏观层面

从大的方面来说，创业有利于推动经济转型。在经济转型期，创业创新是经济增长动能转换的关键。我国经济市场化和经济增长的历史，实际上也是经济结构多元化和大众创业的历史。正是由于在改革开放的背景下，人们逐步走向市场、开拓创业，我国经济才摆脱了体制性短缺和供给短缺的局面。

一是创造财富。企业存在的前提，就是要创造价值并获取合理的利润。因此，任何一个企业的成功发展，必然是为顾客创造价值，并为社会不断创造物质财富与精神财富。物质财富主要是指企业所提供的产品与服务以及上缴的税收等，精神财富主要是指企业文化、企业家精神等。由于我国市场经济起步晚、经验少，与西方发达国家相比，我国企业的管理水平仍比较低，企业经营者众多，但高素质的企业家却不多，因此，我国企业在激烈的国际市场竞争中往往处于不利地位。高校作为高级人才的培养和孵化基地，可以通过开设与创业相关的课程，开展创业教育和创业实践活动，提高大学生的创业能力，力争把他们培养成为具有创新能力、专业技能、经营管理能力和自我发展能力的企业管理者，为其将来成长为合格的企业家打下坚实的基础，并为中国经济的发展和社会主义现代化建设造就一批高素质高水平的企业家队伍。

二是促进就业。有关研究表明，一个成功的创业者可以解决五个人的就业问题，因此以创业带动就业具有明显的就业倍增效应。众所周知，作为人口大国，劳动力过剩、就业难在我国一直是一个非常突出的问题，因此通过发展创业型经济来带动就业是扩大就业、缓解就业压力、促进劳动力转移的重要途径。随着高校的不断扩招，我国的就业形势越来越严峻。高校通过创业教育培养和提高大学生的创业能力，鼓励有能力的大学生自己创办企业，除了能够解决大学生自身的就业问题外，还可以创造一定的就业岗位，缓解高校毕业生的就业压力。

三是提高自主创新能力。当前，全球经济社会格局正进入深度调整期，科学技术越来越成为推动经济社会发展的主要力量，新一轮科技革命和产业变革正在孕育兴起，创新驱动发展是大势所趋。在此背景下，创业就是要创造新价值，抓住新商机，通过新科技、新服务、新产品提高自主创新能力，为社会的发展不断注入新的活力。

（二）微观层面

英国心理学家马斯洛在其动机形成理论中提出"人们具有自我实现的需要"，即人们具有希望充分发挥自己的潜能，实现自己的理想和抱负的需要。自我实现是人类最高级的需要。人们通过创业创造财富的同时，实现自己的人生价值，充分发挥自己的才华，不断突破和超越自己。

一方面，实现"低层级的生理需求"。通过创业创造的物质财富可以满足个人的生理需要、安全需要。同时，创业必然要通过参与社交活动来沟通实现，因此，通过创业，个人的社交需要也会在其过程中顺理成章地得到满足。

另一方面，实现"高层级的精神需求"。在第一层面充分满足的基础上，人们才能获得相对自由，然后进一步将个人的才华和兴趣转化成自己的创业项目，从而获得尊重需要与自我实现需要，甚至不断突破和超越，使社会地位不断提升，个人价值与社会价值不断提高。

第二节　创业的风险及其对策

众所周知，风险与回报是相伴相生的，创业者带着极大的创业激情，憧憬创业所带来的创业回报的同时，也要警惕政策风险、经济风险、社会与文化风险等各种创业风险，并采取相应的对策，实现成功创业。

一、创业的风险

通过对大量创业案例的总结发现，创业主要存在政策风险、经济风险、社会与文化风险、选择型风险、技能型风险、技术风险、融资风险、市场风险、管理风险、自我认识程度风险十大风险。

一是政策风险。政策风险即由于政府为鼓励或规范创业而制定政策的不确定性，会给创业造成一定的利益得失。比如：因政策的变动带来的风险，不能准确解读、领悟政策带来的风险，不能及时掌握政策而失去机会的风险。最先领悟政策获得政策支持的创业者，可获得先动优势，而跟随者无法获得这样的优势。

二是经济风险。这是指因经济前景的不确定性，各创业经济实体在从事正常的经济活动时蒙受经济损失的可能性。因此，创业者必须要及时准确地了解国家的社会经济结构、经济发展水平、经济体制、宏观经济政策以及当前的经济状况等因素。

三是社会与文化风险。这是由于整个社会发展趋势的不确定性会导致创业者的经营损失，主要包括社会道德风尚、文化传统、人口变动趋势、文化教育、价值观念、社会结构等的不确定性。

四是选择型风险。这是指创业者在选择创业项目时存在一定程度的盲目性，从而形成项目选择风险。选择性风险的特征是：缺乏前期的市场调研和论证，很多创业者常常只凭兴趣或想象来决定投资方向、投资项目，有时甚至仅凭一时的心血来潮就盲目做决定。

五是技能型风险。这是指由于创业者缺乏创业技能而导致的创业实践风险。创业技能包括营销技能、沟通技能、谈判技能等。

六是技术风险。这是指社会技术总水平及变化趋势的不确定性，如技术变迁、技术突破对企业的影响等，以及技术与政治、经济社会环境之间的相互作用导致的技术变化快、变化大、影响面大等不确定性。

七是融资风险。这是指创业者会因融资渠道单一而陷入的风险。创业者刚开始创业时，可能会由于人脉资源相对比较集中，在融资过程中一般会缺乏相应的融资灵活性，融资渠道比较单一，常常导致融资风险。

八是市场风险。这是指创业者在创业过程中获取资金、劳动力、土地和企业家才能等生产要素时面临的供需不确定性。如创业者在筹集资金时受到整个市场利率的影响，获取劳动力时受到工资的影响，获取土地受到租金的影响，企业家才能受到利润的影响。

九是管理风险。这是指因创业者管理不善、判断失误、缺乏经验等给企业带来的损失或发展风险。管理风险是很难评估的，但我们应尽量遵循科学的管理方式，避免在管理中依自己的个性随意指挥，没有原则或者规章。

十是自我认识程度风险。创业者对自己的个人能力、信念与恒心以及社会资源等的定位和认知将直接影响企业的发展方向和发展规模。

二、创业风险的应对

除了需要了解各种常见的创业风险以外，创业者还应该懂得如何应对创业风险所带来的种种不利的情形。

一是失败的创业。这是很正常的现象。特别是，中国的总体创业成功率并不高，因此创业者必须要勇于面对。创业者要学习从跌倒中爬起来，特别要善于总结失败的经验与教训，并不断学习与改进，在逆境中成长。

二是不稳定的财富。创业者可以通过成功创业获取较为丰厚的财富回报，改善个人及家庭的生活质量。但是，创业过程中不可避免地会出现很多难以预测的困难，并给创业者带来巨大的财务压力。对此，创业者必须要稳健经营，积极应对这种不稳定的资金风险，想办法破解无法支付员工报酬等难题，尽量减少资金风险。

三是随时会出现的障碍。市场环境的不确定性、竞争的不确定性以及生活中的不确定性等因素，都会给创业带来难以预测的困难与障碍。对此，创业者要积极承受，去面对并解决这些不确定的困难与阻碍，而不是选择当"逃兵"。

四是难耐的孤独历程。在创业失败后，创业者通常难以得到他人理解，从而会感到特别孤独无助。对此，创业者要坚信，失败并不可怕，孤独更不可惧，关键在于是否能够学会在逆境中生存，从跌倒的地方爬起来，最终从孤独中走出来。

> **知识小贴士：大学生如何规避创业风险？**
>
> 要规避选择型风险，大学生需要在创业的初期做好市场调研，在了解市场需求的基础上进行创业项目选择。要规避技能型风险，大学生应去企业打工或实习，积累相关的管理和营销经验；积极参加创业培训，积累创业知识，接受专业指导，提高创业成功率。而融资型风险的规避，需要大学生创业者不仅要能够利用传统的融资渠道，还要能够充分利用风险投资、创业基金等其他的融资渠道。市场型风险的规避，则需要大学生创业者平时要注重社交活动的开展，比如可以多参加各种相关的社会实践活动，通过社交活动扩大自己人际交往的范围。另外，在创业前，创业者可以有目的地先到相关的行业或领域工作或实践一段时间，为自己日后创业积累人脉。要减小管理型风险，创业者可先从合伙创业、家庭创业或者虚拟店铺开始做起，锻炼自己的创业能力，也可以聘用职业经理人负责企业管理。

五是辛劳的工作。创业是一项长期而艰苦的事业。创业者在初期一定会比别人付出得更多，一定要竭尽所能地使企业走向正轨并保持持续的竞争优势。因此，对于每一个创业者而言，一定要做好打持久战的充分准备。

第三节 创业的步骤及条件

一、创业的步骤

奥利夫（Olive，2001）从创业者个人事业发展的角度出发，将创业流程分为八个步骤，即决定成为一位创业者、选择创业机会、进行创业机会评估、组成创业团队、研究拟定创业经营计划书、展开创业行动计划、早期的运营和自身管理、取得个人和企业的成功。奥利夫认为，创业流程管理的重点在创立新企业这一部分，只要创业获得利润，就算达到了预期目标，至于有关企业的永续经营问题，则不属于创业管理的范畴。

基于中国创业实践案例分析，创业者的创业活动应该历经创业准备，市场机会识别、评估与选择，创业经营计划书启动与拟定，资源确认、获取与整合以及新创企业管理五大步骤，具体内容如表 1-2 所示。

表 1-2　　　　　　　　创业者的创业活动应历经的五大步骤

创业流程	分类	内容
步骤一	创业准备	创业心理准备
		创业能力准备
		创业基础知识学习
步骤二	市场机会识别、评估与选择	市场分析
		机会评估
		机会选择
步骤三	创业经营计划书启动与拟定	确定战略目标
		组建创业团队
		正式启动创业
		拟定创业经营计划书
步骤四	资源确认、获取与整合	确认现有资源并加以充分利用
		针对资源缺口，通过一定渠道获取补充
		对资源进行有效融合
步骤五	新创企业管理	明确管理方式
		创建企业文化
		把握关键成功因素
		全面实施创业经营计划
		实施创业管理
		实施自我管理
		实施创业风险与危机管理

当然，在实际的创业进程中，创业者并没有必要完全按照以上步骤去实施，

可以颠倒步骤或是几个步骤同时进行。此外，创业流程步骤并不是孤立的，往往需要循环往复地实施。

二、创业需要的条件[①]

创业必须是在自我认知、资金、技术、资源等各方面都已经准备充分的条件下，才有可能获得成功，切不可贸然行之。那么，创业需要什么基本条件呢？

（一）可行的创意

创意是一种思想、概念或想法，只有能够满足市场需求并且拥有广阔市场和良好发展前景的创意才是可行的创意，才能加以实施，才有望取得效益。创业者接受新事物、学习新事物的能力较强，接触新事物和新思维的机会较多，容易产生较多、较新颖的创意。但是，需要注意的是，由于创业者接触的人群和知识可能会比较单一，没有实际创业经营的经验，对市场需求和创意的发展前景不了解，导致产生的创意的质量不高，特别是其可行性往往有待检验和修正。

（二）创业团队

作为较为成熟的创业团队，其成员的知识结构、专业技能需要有互补性，同时又能够有较为统一的想法和抱负，能够协调好相互之间的关系，妥善处理好冲突和矛盾，朝着共同的目标努力奋斗。就高校学生而言，其经历过大学阶段的集体生活，比较容易与他人相处，且大学阶段部分课程的学习要求团队合作完成，所以高校学生一般都具备团队合作的素质和经验。

（三）技术和产品

技术和产品是创业的必备条件，只有满足现实市场需求或有市场潜力的技术和产品才是可行的。在科技发展日新月异的今天，创业者要不断关注技术和产品的发展趋势，及时推陈出新，满足市场需求，最终实现盈利。就高校学生而言，虽然接受过高等教育，但是绝大多数人还不具备研发新技术和新产品的能力，并且对于所掌握的技术如何转化及产品的可行性方面缺乏知识和经验，因此大多数只能选择实施低水平、低技术含量的创业模式，再加上其所掌握的技术和产品往往是不完善的，更需要在生产和运营的过程中不断加以完善，才能适应市场的需求。

（四）资金

资金是所有创业活动必须具备的重要条件，资金的缺乏极有可能导致创业的失败。就高校学生而言，其创业所面临的最大问题就是资金短缺，而创业园多位于高科技，并不符合高校学生的创业特点；社会资源由于对高校学生创业缺乏信心，导致相应的支持力度不够；银行贷款有着严格的审核制度，对于高校学生来

① 王晶晶，郭小宁. 大学生创业的条件分析［J］. 才智，2014（27）：41，44.

说较难实施。特别是，高校学生社会关系简单，创业资金主要来源于家庭和亲朋好友，这就会导致高校学生创业资金有限，并影响创业的成功进行。

（五）经验

创业者是否具备相关的经验对创业能否成功也有着重要影响。如果创业者具备相关的管理经验，能够有效地管理创业活动，那么在面对困难的时候就会彰显出更加出色的处理能力。与社会上的成功人士相比，高校学生的人脉资源、行业经验都处于弱势。虽然现在高校都开始开设创业课程、举办相关活动、提供实践机会等，但是高校学生毕竟没有实际的创业经历，对创业的认识和经验还都处于理论阶段，进而成为高校学生创业成功的一大障碍。

（六）机遇

更多的情况下，创业是需要社会机遇的，很多伟大的公司都是历史机遇成就的。索尼公司抓住了录放机的发展，一跃成为世界级的电子公司；苹果公司抓住了个人计算机发展的历史机遇，成就了今天的辉煌；滴滴打车，借助互联网经济的大势，以一个打车软件的力量就颠覆了一个行业。就高校学生而言，创业就是要找到细分领域的切入点，从小的机遇入手，不要求大，不要攀高，否则可能因为资源不足、能力不够而夭折。

第四节　创业者必备的素质

创业过程往往充满了艰辛和坎坷，所以创业者是需要具备一些特有的能力和素质的。只要我们抱定创业的坚定目标，努力锻造自身的能力和素质，终会取得一定的成就。创业者所需的能力与其所在的行业和时代紧密相连，但它们还是有一些共同的特质。

一、乐观自信的心态

在创业过程中，会出现各种危机和困难，成功的创业者需要非常乐观自信的心态，这种心态不但是自己前行的动力，也会感染自己的创业团队。当然，这要求创业者有很强的情绪调控能力，在挫折中同样能够保持稳定的情绪，充沛的精力，对生活和事业充满热情和信心。但是，成功的创业者在自信的同时也需要保持清醒，不能因为自负而一意孤

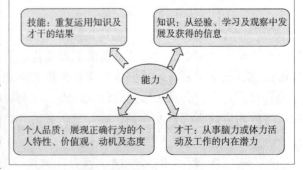

> **知识小贴士：能力是什么？**
>
> 能力是指人能够有效地履行某一具体职位时所需具备的一系列基本特点和行为模式，其通过可观察及可衡量的行为和结果进行表现，其实质就是实现业绩所需的知识、才干、个人品质和技能的综合。
>
> 技能：重复运用知识及才干的结果
>
> 知识：从经验、学习及观察中发展及获得的信息
>
> 能力
>
> 个人品质：展现正确行为的个人特性、价值观、动机及态度
>
> 才干：从事脑力或体力活动及工作的内在潜力

行，延误商机。

二、强烈的创业欲望

强烈的创业欲望是创业的根本动力。创业者往往具有较高的理想，他们极力想改变自己，改变周边环境，甚至改变社会，创业者的欲望可能来自外界刺激，但更多的应该是来自内心的价值追求和社会责任。只有来自内在的需求，才能让理想更加坚定，创业更加持久。

三、高度的控制欲[①]

成功的创业者，对资源高度的控制欲和占有欲是与生俱来的。控制欲是指他们相信自己能够控制自己的人生。创业者希望通过自己而不是他人来决定自己的命运，他们经常有很强的控制欲，总是希望把命运掌握在自己手中。和控制欲相关的是创业者的个人独立性，创业者往往喜欢独立思考和行动，渴望独立自主。创业者具有高度的控制欲，并不是说他们在人事上对他人的完全控制，不给他人以自由，而是他们对自己能够控制自如，相信自己的能力。

四、坚韧不拔的毅力

成功的创业者都有坚韧不拔的毅力，这也是他们的成功之道。在他们看来，只要坚持正确的方向，矢志不移地完成既定的目标，就有可能实现成功。他们绝不会因为一时的困难而放弃，即使遇到许多常人难以忍受的困难和挫折，也总是坚持自己的理想和奋斗目标，勇往直前。很多失败者之所以失败，就是因为担负不起责任，缺乏毅力去坚持。所以，干事业一定要执着，不怕挫折，永不退缩。只有不畏劳苦的人，才有希望达到光辉的顶点，没有坚韧不拔的精神，是干不成一番事业的。

五、过人的胆略

创业是有风险的，这种风险有可能让你多年的心血付之东流，甚至让你倾家荡产，负债累累，因此创业需要胆量，需要冒险。同创新精神一样，冒险精神也是创业家精神的一个重要组成部分，而且冒险精神是和创新精神紧密相连的，创新需要跨入未知的领域，关注别人所不易注意的问题，以自己独特的方式去考虑和处理问题。因为走别人未走过的路，没有经验可循，所以具有更大的风险，但是一旦开拓成功，企业就会得到快速的发展，甚至改变整个行业，因此具有冒险精神的创业者更能称为伟大的企业家。

六、团队合作精神

虽然创业者非常渴望独立自主，但是这并不妨碍他们组建成功的团队。而且一个成功的创业者往往都是团队工作方式的倡导者。作为企业的高层领导人，创

① 张永成. 创业与营业［M］. 北京：京华出版社，2008.

业者应该体现出团队领袖所应具备的果敢和坚毅，尊敬和团结每一个团队成员，始终保持在团队中的核心地位，还应该用平和的心态看待权利的得失，把团队的利益作为自己追求的最大目标。

七、谋略与智慧

创业是一个斗体力的活动，更是一个斗心力的活动。创业者的智谋，将在很大程度上决定其创业的成败。尤其是在目前产品日益同质化、市场有限、竞争激烈的情况下，创业者不但要能够守正，更要有能力出奇。对于创业者来说，智慧是不分等级的，它没有好坏、高明不高明的区别，只有好用不好用，适用不适用的问题。我们总结创业者智慧为：不拘一格，出奇制胜。作为创业者，你的思维一定不能因循守旧。

> **知识小贴士：丽华快餐成功之道是什么？**
>
> 吴敬琏写过一篇《何处寻找大智慧》的文章，文中指出，对创业者来说，无所谓大智慧小智慧，能把事情做好，能赚到钱就是好智慧。丽华快餐由一个叫蒋建平的人创立，起家之地是江苏常州，开始不过是常州丽华新村里的一个小作坊，在蒋建平的精心打理下，很快发展为常州第一的快餐公司。几年前，当蒋建平决定进军北京时，北京快餐业市场已近饱和。蒋建平剑走偏锋，从承包中科院电子所的食堂做起，做职工餐兼做快餐，这样投入少而见效快。由此推而广之，好像星火燎原，迅速将丽华快餐打入了北京市场。假如蒋建平当初进入北京后，依循常规，租门面，招员工，拉开架式从头做起，恐怕丽华快餐不会有今天。

第五节　成功创业者应了解的法律法规

掌握一定的法律法规常识，对于创业者来说是非常重要的。熟悉相关的法律法规，可以帮助创业者在遵守法律法规的前提下，有信心有胆识且放心地开展一切创业活动，同时能够有效地防范创业过程中可能存在的法律风险，为企业后期可持续发展打下坚实的基础。

（一）要了解的部分法律法规清单

在创业初期，创业者一定要了解的法律法规主要包括《中华人民共和国公司法》《中华人民共和国合伙企业登记管理办法》《中华人民共和国合同法》《中华人民共和国劳动合同法》《中华人民共和国会计法》《中华人民共和国企业所得税法》《中华人民共和国增值税暂行条例实施细则》《中华人民共和国个人所得税法》《中华人民共和国专利法》《中华人民共和国商标法》《中华人民共和国著作权法》等。此外，还要关注相关的财税政策、金融政策以及《中华人民共和国安全生产法》《中华人民共和国环境保护法》等与具体行业相关的重要法律法规，不仅要认真学习掌握而且要时刻关注其更新与变化。

（二）《中华人民共和国公司法》修订说明、前后对照及解读

2013年12月28日十二届全国人大常委会第六次会议通过了《中华人民共和国公司法》的修正案，这是我国公司法自颁布以来20年的时间中继两次制定后的又一次重大修改。本次修改主要有12处，条文顺序也做了相应的调整，并自2014年3月1日起施行。本次修改的亮点主要包括以下三点：

一是完善公司的设立制度。首先，通过降低公司注册资本的最低限额来降低门槛。其次，股份有限公司取消了关于公司股东（发起人）应自公司成立之日起两年内缴足出资，投资公司在五年内缴足出资的规定；取消了一人有限责任公司股东应一次足额缴纳出资的规定，采取公司股东（发起人）自主约定认缴出资额、出资方式、出资期限等，并记载于公司章程的方式。最后，简化公司设立的程序，实行准则主义，进一步明确公司设立的各项责任。

二是放宽注册资本登记条件。除对公司注册资本最低限额有另行规定以外，取消了有限责任公司、一人有限责任公司、股份有限公司最低注册资本分别应达3万元、10万元、500万元的限制；不再限制公司设立时股东（发起人）的首次出资比例以及货币出资比例。

三是简化登记事项和登记文件。有限责任公司股东认缴出资额、公司实收资本不再作为登记事项。公司登记时，不需要提交验资报告。此次修法为推进注册资本登记制度改革提供了法制基础和保障。工商总局也将研究并提出修改公司登记管理条例等行政法规的建议，同时积极构建市场主体信用信息公示体系，并完善文书格式规范和登记管理信息化系统。

第六节　能力自评：你适合创业吗

在"大众创业，万众创新"的大环境下，并不是每个人都适合创业，这主要是由于创业与每个人的自身能力素质有着很大的关联。因此，如果你要创业，那么在创业前，有必要进行基于创业者核心素质模型的创业者素质测评以及基于RISKING素质模型的创业者素质测评，来慎重地考虑自己是否真的适合创业。

一、成功创业者应具备的能力素质

成功创业者应具备大概20项的能力素质，按照胜任素质理论模式，我们可以将20项能力素质分为成就特征、服务与助人特征、管理特征、影响特征、认知特征、个人特征六大类。

成就特征主要包括成就导向或动力、竞争意识、冒险精神等能力要素。其中，成就导向或动力就是指有努力工作实现个人目标的渴望，并且表现得积极主动；竞争意识就是愿意参与竞争，主动接受挑战，并努力成为胜利者；冒险精神就是敢于冒险，又有勇气面对风险与失败。

服务与助人特征主要包括顾客服务能力、人际理解与体谅等能力要素。其中，顾客服务能力就是能够与顾客发展稳定的相互信任的关系；人际理解与体谅

就是要了解别人言行、态度的原因，善于倾听并帮助别人。

管理特征主要包括决策力或个人视野、组织能力以及团队协作能力等能力要素。其中，决策力或个人视野就是具有广阔的视野，能够在复杂的、不确定的或者极度危险的情况下及时做出决策，且决策的结果从更深远或更长期的角度看有利于企业的成功；组织能力就是有能力安排好自己的工作与生活，且使工作任务与信息条理化、逻辑清晰；团队协作能力就是对于团队的冲突和问题，能够采取有效的解决方法。

影响特征主要包括价值观引领、说服能力与关系建立能力等能力因素。其中，价值观引领就是指通常以价值观来引导和影响团队，其行为方式也集中体现组织所倡导的价值观；说服能力就是能够通过劝服别人，让他人明白自己的观点，并使对方对自己的观点感兴趣；关系建立能力就是指保持经常的社会性接触，即在工作之外经常与同事或顾客发展友好的个人关系，甚至家庭接触，扩大关系网。

认知特征主要包括专业知识及学习能力、经验与技能、创新与变革能力、信息收集能力等能力因素。其中，专业知识及学习能力就是能够熟练掌握与运用自己的专业知识，且不断地主动更新知识；经验与技能就是在业内具有卓越的声望和极具权威的专业技术技能；创新与变革能力就是能够预测五年甚至十年后的形势并创造机会，能够创造性地解决各种问题；信息收集能力就是通过比较独特的途径系统及时获取有用的信息或资料，并善于发现机会、抓住机会。

个人特征主要包括诚信正直、自信心、纪律性、毅力以及适应能力等能力因素。其中，诚信正直就是要诚实守信，并坚持实事求是，以诚待人，行为表现出高度的职业道德；自信心就是相信自己能够完成计划中的任务，能够通过分析自己的行为认识到不足，并在工作中予以弥补；纪律性就是坚持自己的做事原则，严于律己，且表现出较强的自控能力；毅力就是明确自己的目标，并为之坚持不懈，即使遇到各种困难也不退缩；适应能力就是能够适应各种环境的变化，具备应付各种新情况的能力，且能够创造性地提出问题的解决方案。

三、基于创业者核心素质模型的创业者素质测评

素质模型就是为完成某项工作或达成某一绩效目标，所要求的一系列不同素质要素的组合。素质模型的形式简单易懂，通常由多项素质要素构成。通过素质模型可以判断并发现导致绩效好坏差异的关键驱动因素。基于创业者核心素质模型的创业者素质测评，主要设计了创业者素质自我测评表和第二次测评结果总分两大部分。其中，创业者素质自我测评表的能力要素主要根据实践经验，选取成就导向或动力、竞争意识、冒险精神、人际理解与体谅、价值观引领、说服能力、关系建立能力、决策力或个人视野、组织能力、创新与变革能力、诚信正直、自信心、纪律性、毅力以及适应能力15项，分别针对创业者自身在不同能力要素上的表现，给出相应的1分、2分、3分、4分、5分等。第二次测评结果总分主要是根据创业者素质自我测评表的结果，确定已经具备了哪些能力素质，还没有具备哪些能力素质以及提高能力素质的方案有哪些等。

四、基于 RISKING 素质模型的创业者素质测评

RISKING 素质模型主要包括资源（resources）、想法（ideas）、技能（skills）、知识（knowledge）、才智（intelligence）、关系网络（network）、目标（goal）。其中，资源主要是指创业所必需的人力资源、物力资源以及财力资源等，包括好的项目资源；想法主要是指具有市场价值的创业想法，能在一定时期产生利润，且应具有一定的创新性、可行性和持续开发与拓展性；技能主要是指创业者所需要的专业技能、管理技能和行动能力等，如果个人不完全具备，但是团队之间能够形成技能互补，也是不错的技能组合；知识主要是指创业者所必需的行业知识、专业知识以及创业的相关知识，诸如法律、商业等知识，特别是良好的知识结构对创业者的视野开拓、才智发挥具有很高的价值；才智主要是指创业者的智商与情商，具体表现为观察世界、分析问题、思考问题和解决问题的能力；关系网络主要是指创业者要有良好的人际亲和力和关系网络，包括合作者、服务对象、新闻媒体甚至竞争对手，通常只有善用资源者才能较强地调动资源的深度和广度；目标就是要明确创业方向和目标，精准的市场定位对于创业而言至关重要。

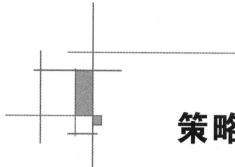

策略和技能篇

第二章　财务管理

第一节　管住你的钱袋子

作为创业企业的管理者，决策是否得当，经营是否合理，技术是否先进，产销是否顺畅，都和初创企业的财务管理休戚相关。这是由于财务管理活动涉及企业的产、供、销等各个环节，主导着其他一切管理（生产、质量、技术、劳动人事管理等）活动，并为此提供准确完整的基础资料。而且企业的一切生产管理活动最终都要反映到财务成果上来，通过核算、分析、对比，可以检查企业生产经营活动的运行情况等。特别是，作为初创企业的管理者一定要明白，创业企业能否在竞争激烈的市场经济中不断发展壮大，关键在于是否进行了科学的资本经营，实现资本增值，让资金发挥最大的效益。那么，作为创业者的你是否对财务管理知识有足够的掌握呢？

一、财务管理起步

无论是最初艰难的创业阶段，还是蒸蒸日上的发展阶段，甚至是折戟沉沙的衰落期，财务管理都是企业的命脉。从企业的生命周期来看，处于创业阶段的企业大多属于中小企业，财务管理的目标自然是追求利润的最大化。在市场经济条件下，创业企业要生存、发展、盈利和壮大，就必须科学地进行资本经营，而这一切都依赖于强化财务管理。可见，财务管理对于企业来说是非常重要的。作为初创企业的一员，更要重视财务管理。

（一）财务管理内涵

财务管理与财务有着非常紧密的关系。财务泛指财务活动和财务关系。前者指企业再生产过程中涉及资金的活动，表明财务的形式特征；后者指财务活动中企业和各方面的经济关系，揭示财务的内容本质。

企业财务活动是以现金收支为主的企业资金收支活动的总称。在市场经济条件下，拥有一定数额的资金，是进行生产经营活动的必要条件。企业生产经营的过程，一方面表现为物资的不断购进和售出，另一方面则表现为资金的支出和收回。企业的经营活动不断进行，也就会不断产生资金的收支。企业资金的收支，构成了企业经济活动的一个独立方面，这便是企业的财务活动。具体来讲，企业财务活动可分为四个方面：企业筹资所引起的财务活动、企业投资所引起的财务活动、企业经营所引起的财务活动及企业收入分配所引起的财务活动，如表 2-1 所示。这些财务活动相互联系又相互依存，构成了完整的企业财务活动，这四个方面就是财务管理的基本内容。

表 2-1　　　　　　　　　　　　财务活动内容

财务活动	内容
筹资活动	两个来源：企业权益资金、企业债务资金
投资活动	两种含义：广义投资和狭义投资。广义投资是指企业将筹集的资金投入使用的过程，包括企业内部使用资金的过程（如购置流动资产、固定资产等）和对外投放资金的过程（如购买其他企业的股票、债券与其他企业联营等）。狭义投资仅指对外投资
资金营运活动	三个内容：一是采购材料或商品、支付工资和其他营业费用；二是出售产品或商品，取得收入；三是如果企业现有资金不能满足企业经营的需要，还要利用商业信用方式来融通资金
资金分配活动	两种含义：广义的分配和狭义的分配。广义的分配，是指企业对各种收入进行分割和分派的过程，包括缴纳税款、租金支付等。狭义的分配，仅指对利润尤其是净利润的分配

企业财务关系是指企业在组织财务活动过程中与各有关方所发生的经济关系，企业的筹资活动、投资活动、经营活动、利润及其分配活动与企业上下左右各方面有着广泛的联系。企业的财务关系可概括为如下关系：企业与政府之间的财务关系；企业与其所有者之间的财务关系；企业与债权人之间的财务关系；企业与受资者之间的财务关系；企业与债务人之间的财务关系；企业与供货商、客户之间的财务关系；企业内部各单位之间的财务关系；企业与职工之间的关系等，如表 2-2 所示。

表 2-2　　　　　　　　　　不同利益主体之间的财务关系

财务关系	内容	关系
企业与政府之间的财务关系	中央人民政府和地方人民政府作为社会管理者，行使行政职能。政府作为社会管理者，无偿参与企业利润的分配	强制无偿的分配关系
企业与其所有者之间的财务关系	所有者向企业投入资金，企业向其所有者支付投资报酬所形成的经济关系	所有权关系
企业与债权人之间的财务关系	企业向债权人借入资金，并按借款合同的规定支付利息和归还本金所形成的经济关系	债务与债权关系
企业与受资者之间的财务关系	企业以购买股票或直接投资的形式向其他企业投资所形成的经济关系	所有权性质的投资与受资的关系
企业与债务人之间的财务关系	企业将其资金以购买债券、提供借款或商业信用等形式出借给其他单位所形成的经济关系	债权与债务关系

表2-2(续)

财务关系	内容	关系
企业与供货商、客户之间的财务关系	主要是指企业购买供货商的商品或劳务以及向客户销售商品或提供服务过程中形成的经济关系	合同义务关系
企业内部各单位之间的财务关系	是指企业内部各单位之间在生产经营各环节中互相提供产品或劳务所形成的经济关系	经济利益关系
企业与职工之间的财务关系	主要是指企业向职工支付劳动报酬过程中所形成的经济利益关系	劳动成果上的分配关系

财务管理是基于企业再生产过程中客观存在的财务活动和财务关系而产生的，它是按照财务管理的原则，根据相关的财经法规制度，利用价值形式对企业再生产过程进行的管理，是组织财务活动、处理财务关系的一项综合性管理工作，如表2-3所示。从表中可以看出，财务管理既是企业管理的一个独立的方面，又是一项综合性的管理工作；财务管理与企业其他方面都具有广泛联系并能迅速反映企业的经营状况。

表2-3   **财务管理目标的类型**

类型	观点	优点	局限性
利润最大化	利润代表了企业新创造的价值，利润增加代表着企业财富的增加，利润越多代表企业新创造的财富越多	利润作为企业经营成果的体现，很容易从企业财务报表上得到反映	利润是个绝对数，难以反映投入产出关系；没有考虑资金的时间价值；没有考虑利润与所承担风险的关系；可能造成经营行为的短期化
股东财富最大化	股东财富是由其所拥有的股票数量和股票市场价格两方面决定的，在股票数量一定时，股票价格达到最高，股东财富也就达到最大	考虑了风险因素；可在一定程度上避免企业的短期行为；对于上市公司而言，股东财富最大化较为容易量化	仅适用于上市公司；股价受多因素影响；强调更多的是股东利益，对其他相关者的利益重视不够
企业价值最大化	企业价值可以理解为企业所有者权益的市场价值，或者是企业所能创造的预计未来现金流量的现值，可以反映企业潜在的或预期的获利能力和成长能力	考虑了时间价值和风险价值；反映了对企业资产保值增值的要求；将企业长期、稳定的发展和持续的获利能力放在首位，规避了短期行为；用价值代替了价格，克服了外界市场因素的干扰；有利于社会资源的合理配置	难以操作

表2-3（续）

类型	观点	优点	局限性
利益相关者财富最大化	强调风险与报酬的均衡；强调股东的首要地位；加强对企业代理人或经营者的监督和控制，建立有效的激励机制；关心本企业一般职工的利益；不断加强与债权人的关系；关心客户长期利益；加强与供应商的合作；保持与政府的良好关系	有利于企业的长期稳定发展；体现合作共赢的价值理念；兼顾了各方利益；体现了前瞻性和现实性的统一	难以操作

（二）财务管理特点

基于财务内涵，不难看出，财务管理的特点主要包括三个方面：涉及面广、综合性强、灵敏度高。

1. 涉及面广

首先，就企业内部而言，财务管理活动涉及企业生产、供应、销售等各个环节，企业内部各个部门与资金不发生联系的现象是不存在的。每个部门也都在合理使用资金、节约资金支出及提高资金使用率上，接受财务的指导及财务管理部门的监督和约束。同时，财务管理部门本身也为企业生产管理、营销管理、质量管理、人力物资管理等活动提供及时、准确、完整、连续的基础资料。其次，现代企业的财务管理也涉及企业外部的各种关系。在市场经济条件下，企业在市场上进行融资、投资以及收益分配的过程中与各种利益主体发生着千丝万缕的联系，主要包括：企业与其股东之间，企业与其债权人之间，企业与政府之间，企业与金融机构之间，企业与其供应商之间，企业与其客户之间，企业与其内部职工之间，等等。

2. 综合性强

现代企业制度下的企业管理是一个由生产管理、营销管理、质量管理、技术管理、设备管理、人事管理、财务管理、物资管理等诸多子系统构成的复杂系统。其他管理都是从某一个方面并大多采用实物计量的方法，对企业在生产经营活动中的某一个部分实施组织、协调、控制，所产生的管理效果只能对企业生产经营的局部起到制约作用，不可能对整个企业的营运实施管理。财务管理则不同，作为一种价值管理，它包括筹资管理、投资管理、营运管理、权益分配管理等，这是一项综合性很强的经济管理活动。正因为是价值管理，所以财务管理通过资金的收付及流动的价值形态，可以及时、全面地反映商品物资运行状况，并可以通过价值管理形态进行商品管理。也就是说，财务管理渗透在全部经营活动之中，涉及生产、供应、销售的每个环节和人、财、物各个要素，所以抓企业内部管理要以财务管理为突破口，通过价值管理来协调、促进、控制企业的生产经营活动。

3. 灵敏度高

在现代企业制度下，企业已成为面向市场的独立法人实体和市场竞争主体。企业的经营管理目标为经济效益最大化，这是由现代企业制度要求投入资本实现保值增值决定的，也是由社会主义现代化建设的根本要求决定的。因为，企业要想生存，必须能以收抵支、到期偿债。企业要发展，必须扩大收入。收入增加意味着人、财、物的相应增加，并且都将以资金流动的形式在企业财务上得到全面地反映，并对财务指标的完成产生重大影响。因此，财务管理是一切管理的基础、管理的中心。抓好财务管理就是抓住了企业管理的"牛鼻子"，管理也就落到了实处。

（三）财务管理环境特征

财务管理环境，即理财环境，是指对企业财务活动和财务管理产生影响作用的企业内外各种条件的统称。环境构成了企业财务活动的客观条件。财务管理环境的主要的特征包括以下几个：

1. 系统性

企业财务环境不是由一些杂乱无章的事物构成的，而是由众多不同种类的系统构成的。企业财务管理活动所处的或所面临的环境是各种各样的及不同层次的系统。企业本身就是一个系统，而人事系统、财务系统、销售系统及工程技术等各个子系统又是由不同的要素按照一定的方式组成的，因此企业为一个独立的财务主体，其财务管理活动所面对的仍是有序运行的各类关系，如政治法律系统、经济系统、科

> **知识小贴士：会计与财务会计及管理会计的区别**
>
> 会计是以货币为计量单位，系统而有效地记录、分类、汇总仅限于财务方面的交易和事项的过程，并解释其结果的一种应用技术。会计活动的基本程序就是：确认—计量—报告—分析解释。
>
> 财务会计对外部使用者提供信息，又称对外报告会计。它以用货币形式反映在会计凭证中的经济数据作为基本投入；以账户体系为基本的分类框架；以财务报表为基本的产出。资产负债表、损益表和现金流量表（财务状况变动表）构成了基本的财务报表体系。
>
> 管理会计为企业内部使用者提供管理信息，又称对内报告会计。它利用会计以及某些非会计信息，运用成本性态分析法、本量利分析法、边际分析法、成本效益分析法等对企业管理中存在的问题进行诊断和分析，为提高企业管理水平和经营效益服务。

学技术系统、教育系统和社会保障系统等。因此，进行财务活动时既要分析环境对企业的有利和不利因素，又要分析企业活动对财务管理环境的影响。

2. 变动性

企业财务管理环境的变化一般比较缓慢，不易及时察觉和把握；但有时又是突变的，很快就会影响企业的生存发展。财务管理环境的或慢或快的变化，有时会给企业带来财务管理活动的方便，有时则会带来麻烦。所以财务人员应当及时预测环境变化的趋势和特征，以便采取对策和调整财务管理。

3. 复杂性

企业财务管理环境是多方面的、复杂的，既有经济、技术、文化等方面的因素，又有政治、社会方面的因素，这些因素都会对企业财务管理发生影响并制约

企业的财务管理行为。因此，企业要特别着重分析那些对财务管理活动影响重大的因素，从而做出科学的决策。

4. 交互性

构成财务管理环境的各种因素是相互依存、相互制约的，无论哪一个因素发生变化，都会直接或间接地引起其他因素的变化。例如，消费结构的变化会引起市场需求的变化，而市场需求的变化又会影响企业投资方向变化，等等。这些相互作用、相互依存的因素，都会引起企业财务管理活动的连锁反应。

5. 不确定性

环境的因素变动是企业财务人员事先难以准确预料并无法实际加以控制的。凡是企业财务人员不能控制的因素，都构成了企业财务管理环境的不确定性。如市场产品价格的变动将影响成本利润，使企业的成本和利润不确定性增大。因此，企业财务管理活动所做的决策往往带有一定风险。财务人员既要根据所掌握的信息追求最大利益，又要考虑到现实条件的约束，合理防范过大的风险，追求虽不是最大却较稳定的利益。

财务管理环境的变迁要求企业的相关方面随之变化，在特定时期内环境的相对稳定性又要求企业有与之相适应的组织运行系统。建立现代企业制度、改革不合理的企业治理结构及实行科学化管理就是优化内部财务管理环境的过程。优化了内部环境，财务主体就增强了适应外部环境的能力，进而可主动力争改变或引导外部环境，立足自我，为我所用。

（四）财务关键控制点

随着经济全球化和市场经济的快速发展，引入现代企业管理理念、建立完善的财务管理制度和提高资金使用效益已成为企业管理的重要问题。而企业财务管理作为初创企业管理的重要手段之一，其主要是通过会计工作和利用会计信息对企业生产经营活动进行指挥、调节、约束和控制等来实现企业效益最大化的目标，而财务管理的重点是强化对关键控制点的控制。因此，初创企业应结合自身的业务特点，全面分析企业生产经营活动中可能遇到的各种风险，找出关键控制点，制定控制措施，形成控制制度，为全面实行内部控制做好准备。

1. 明确关键控制点的设计原则和控制方法

财务管理关键控制点的设计原则主要包括：一是重要性原则，即企业财务管理虽然应涉及企业生产经营管理活动的各个环节，将企业所有活动都纳入控制的范围内，但关键控制点的设计应在财务管理的基础上，关注重要业务和关键环节，并对其实施更细化、更严格的控制。二是制衡性原则，即财务管理关键点设计应充分解决企业治理结构、内部机构、职责范围、业务过程控制等方面的制衡问题，并对关键环节实施有效控制。三是效益性原则，企业关键控制点设计应充分考虑成本与效益的关系，不能为达到目标而忽视成本的无限增加，应针对关键环节进行最小成本化的控制。四是权责利对等原则，唯有满足此原则才能最大限度地调动企业全体员工的积极性，实现有效控制。

2. 企业财务管理关键控制点的确认

依据财务管理理论及关键控制点的设计原则，以业务类别来划分，初创企业财务管理的主要关键控制点有：①资金业务，该关键控制点包括资金支付、银行票据与印鉴、总账与明细账核对、银行存款核对以及现金盘点等；②固定资产业务，该关键控制点包括申购论证、购置处置审批、资产招投标、资产验收付款、资产盘点等；③采购付款业务，该关键控制点包括申购审批、招标采购、合同签署、验收付款等；④工程项目，该关键控制点包括科学决策、工程概算预算编制、招投标、合同签署、支付工程款、工程决算和资产移交等；⑤收款业务，该关键控制点包括收益分配制度、催缴与核对款项等；⑥预算管理业务，该关键控制点包括预算管理制度、预算编制与变更、预算执行过程、预算执行与监督等；⑦内部审计业务，该关键控制点包括内部审计制度、内部审计的质量控制、内部人员职业道德建设等。

3. 对资金业务关键点的控制措施

货币资产是企业流动性最强的资产，因此，对资金的管理是财务管理的重要内容。当前企业资金管理的关键环节应包括以下四个方面：一是职责分工与岗位设置，资金管理的基本要求是账款分离、授权支付，因此要求企业明确企业不同部门和岗位的分工，确保不相容职责相分离，各资金业务环节之间相互制约和监督，建立完善的资金管理责任制。二是票据与印鉴管理，主要内容包括：领购支票必须经过资金主管的批准且出纳建立票据登记簿；业务往来原则上使用转账支票，确需现金支票的需要会计科长审批，票据支付必须有经办的签章。三是现金控制流程，要求出纳以外的任何个人不得擅自接触现金，明确现金支付的范围，现金日记账必须日清月结且必须定期盘点。四是银行存款控制，主要应包括银行账户的开设、银行资金的支付、银行存款的核对等业务的控制。

4. 对预算管理业务关键点的控制措施

预算管理是企业财会活动的基础，通过强化预算管理工作可以有效配置企业资源，提高企业的整体效益和竞争力。一是完善企业预算授权审批制度，严格规范审批流程；二是健全预算编制管理制度，预算委员会应制定预算编制的流程、方法和措施，并下达指标，拟定预算草案，向各个部门解读预算草案的各种情况；三是建立预算执行检查制度，按季度、年度对预算的执行情况进行检查，纠正在预算执行过程中的不当行为；四是完善预算考评审计制度，对预算执行结果进行考评，对考评好的部门给予表彰和奖励，并加大预算资金安排的支持力度，对于发现重大问题的应依法追究相关责任。

总之，财务管理作为初创企业内部控制的重要组成部分，是企业强化内部控制制度的重要手段，而对关键控制点的设计是财务管理的主要内容。因此初创企业应不断加强内部管理，完善财务管理制度，明确关键控制点的设计，保障企业在市场竞争中稳定、健康地发展。

（五）估算启动资金

作为创业者，首先要让创业资金先行。启动一个项目需要的资金投入主要包括三个方面。

1. 项目本身的费用

项目本身的费用是指付给所选定项目的直接费用。比如要面授或者函授某一个技术的费用、购买某种机器设备的费用或者某一个项目的加盟费用。当然，假如你是直接到项目方考查，还需要算上你的差旅费用。

2. 经营设备、工具等的购置费用

这里主要是指项目在经营过程中所需要的辅助设备和工具。比如，经营餐厅，除了招聘厨师，还需要添置冰柜、锅、燃气等辅助工具；泡沫塑料颗粒加工，在买回机器后，还需要考虑配电机，以解决生产用电等。

3. 房租、房屋装修费用及流动资金

这里主要指在预算此类费用时，要根据当地市场行情计算。房租一般至少要算 3 个月的费用，因为现在租房至少也是一季度付一次，有的是半年或者一年付一次。房屋装修费用视其项目而定。比如说，你要开餐馆，就要按照当地卫生防疫部门的规定装修，否则不能通过，领取营业执照就比较困难。像加盟店一类的装修，假如是经销产品，还要算进货柜橱窗的费用。流动资金根据具体情况计算。

以上三个方面是无论在哪一个领域进行创业都必须要有的支出，所以在创业伊始就要对这几个方面做好资金预留，只有这样，创业才能实现快速的发展。

二、现金管理技巧

现金是指在生产过程中暂时停留在货币形态的资金，包括库存现金、银行存款、银行本票、银行汇票等。它是变现能力最强的资产，既可以满足企业生产经营开支的各项需求，也是企业贷款还本付息和履行纳税义务的保证。由于现金属于非营利性资产，即使是银行存款，其活期利率也是非常低的。现金的持有量并非多多益善，过多的话，它所提供的流动性边际效益便会随之下降，从而导致企业的收益水平降低。因此，加强企业的现金管理的关键是必须合理确定企业的现金持有量，并保持现金持有量的实际值与理论值相对均衡。加强现金日常管理有利于防止现金的闲置与流失，保障其安全、完整性，并有效地发挥其效能，加速资金的运转，增强企业资产的流动性和债务的可清偿性，提高资金的收益率。可以说，现金是企业资产中流动性最强的资产。持有一定数量的现金是企业开展正常生产活动的基础，也是保证企业避免支付危机的必要条件，对企业特别是初创企业来说意义非同一般，那么初创企业现金管理方法有哪些呢？

确定最佳现金持有量的方法有很多，大体都是通过分析预测，找出相关总成

本最低时的现金持有量。企业可以根据现有资料，任意选择。企业在确定最佳现金持有量后，加强现金日常管理就可以围绕着控制现金最佳持有量来进行。但控制现金最佳持有量还必须建立一套完整的现金管理信息反馈系统。因为，只有建立了完整的信息反馈系统，才能在企业发生现金运转不灵或现金的流入流出变化导致实际的现金持有量偏离确定的最佳值时，及时采取有效的补救措施。增加现金持有量的方法有多种，但归纳起来主要有三种。

（一）现金收入的管理

企业现金收入的主要途径就是企业账款的回收，而企业账款的回收通常需要经过四个时点，即客户开出付款票据、企业收到票据、票据交存银行及企业收到现金。这样，企业账款的回收时间就由票据的邮寄时间、票据在企业停留时间、票据结算时间三个部分组成。票据在企业停留的时间可以由企业本身通过建立规章制度、奖惩激励机制等方法来控制，但对于票据邮寄时间和票据结算时间仅靠企业自身的力量是远远不够的，必须采取有效措施充分调动客户和银行的积极性，才能实现有效控制。对此，可采取以下方法：

1. 折扣、折让激励法

企业与客户之间共同寻求的都是经济利益。从这点出发，企业在急需现金的情况下，可以通过一定的折扣、折让来激励客户尽快结付账款。方法可以是在双方协商的前提下一次性给予客户一定的折让，也可以是根据不同的付款期限，给出不同的折扣。如：10天内付款，给予客户3%的折扣，20天内给予2%的折扣，30天内给予1%的折扣等。使用这种方法的技巧在于企业本身必须根据现金的需求程度和取得该笔现金后所能发挥的经济效益，以及为此而折扣、折让形成的有关成本，进行精确地预测和分析，从而确定出一个令企业和客户双方都满意的折扣或折让比率。

> 知识小贴士：
>
> **华夏银行温州分行电子银行打造现金管理新模式**
>
> 传统的现金管理概念主要面向大中型集团企业，围绕企业财务管理提供解决方案，为企业减少财务成本、提速增效。随着"互联网+"理念的深入人心，企业已不满足于单单解决财务管理需求，尤其是新兴企业更加希望自身经营与互联网相结合，并将自身的财务管理融入其中，在互联网模式下寻求新的增长点。华夏银行温州分行在这种思维方式下深入新兴企业，了解互联网公司的运营模式，积极与客户探讨，并以本行银企互联产品为主要手段为客户设计解决方案，现已可根据客户情况设计适应不同场景的解决方案。如学校方面，通过与"校园一卡通"系统与行内支付结算系统直接对接，根据学校指令直接对家长个人账户直接划扣，为学校解决了学生携带现金的不便携性和不安全性；农业方面，通过市场支付系统与我行支付结算系统对接，实现一次绑定，授权代扣的功能，解决了交易过程中现金支付的时效性和找零问题；园区物业方面，通过代扣业务，解决了业主每次都要现金缴费的麻烦，方便了住户又提高了管理效率。

2. 银行业务集中法

这是一种通过建立多个收款中心来加速现金流转的方法。其具体做法是：企业指定一个主要开户行（通常是企业总部所在地的基本结算开户行）为集中银行，然后在收款额较为集中的各营业网点所在区域设立收款中心，客户收到账单后直接与当地收款中心联系，办理货款结算，中心收到货款后立即存入当地银行，当地银行在进行票据交换后，立即转给企业总部所在地的集中银行。这种方法的优点是可以缩短客户邮寄票据所需时间和票据托收所需时间，也缩短了现金从客户到企业的中间周转时间；其缺点是由于多处设立收款中心，相应增加了现金成本。这种方法在技巧上除了可以采用与邮政信箱法相同的方式外，还可以将各网点的收款中心业务直接委托给当地银行办理，这样既减少了中间环节，又节省了人力、财力。

3. 大额款项专人处理法

这种方法是通过企业设立专人负责制度，将现金收取的职责明确落实到具体的责任人，在责任人的努力下，提高办事效率，从而加速现金流转速度。这种方法的优点是便于管理，缺点是缩短的时间相对较少，且也会增加相应的现金成本。采用这种方法时，必须保持人员的相对稳定，因为处理同样类型的业务，有经验的通常比没有经验的要更灵活、熟练。

除了上述方法外，现金收入的管理方法还有很多，如电子汇兑、企业内部往来多边结算、减少不必要的银行账户等，但这些方法相对比较单一，也就没有什么技巧可言，故不再赘述。

（二）现金支出管理

现金支出管理的症结所在是现金支出的时间。从企业角度而言，与现金收入管理相反，尽可能地延缓现金的支出时间是控制企业现金持有量最简便的方法。当然，这种延缓必须是合理合法的，且是不影响企业信誉的；否则，企业延期支付所带来的效益必将远小于为此而遭受的损失。通常企业延期支付账款的方法主要有：

1. 推迟支付应付账款法

一般情况下，供应商在向企业收取账款时，都会给企业预留一定的信用期限，企业可以在不影响信誉的前提下，尽量推迟支付的时间。

2. 汇票付款法

这种方法是指在支付账款时，可以采用汇票付款的尽量使用汇票，而不采用支票或银行本票，更不是直接支付现钞。因为，在使用汇票时，只要不是"见票即付"的付款方式，在受票人将汇票送达银行后，银行还要将汇票送交付款人承兑，并由付款人将一笔相当于汇票金额的资金存入银行，银行才会付款给受票人，这样就有可能合法地延期付款。而在使用支票或银行本票时，只要受票人将支票存入银行，付款人就必须无条件付款。

3. 合理利用"浮游量"

现金的浮游量是指企业现金账户上现金金额与银行账户上所示的存款额之间的差额。有时，企业账户上的现金余额已为零或负数，而银行账户上的该企业的现金余额还有很多。这是因为有些企业已开出的付款票据，银行尚未付款出账而形成的未达账项。对于这部分现金的浮游量，企业可以根据历年的资料，进行合理地分析预测，有效地加以利用。要点是预测的现金浮游量必须充分接近实际值，否则容易开出空头支票。

4. 分期付款法

对企业而言，无论是谁都不能保证每一笔业务都能做到按时足额付款，这是常理。因此，如果企业与客户之间是一种长期往来关系，彼此间已经建立了一定的信任，那么在出现现金周转困难时，适当地采取"分期付款"的方法，客户是完全可以理解的。但如果拒绝支付的同时又不加以说明，或每一笔业务无论金额大小都采用"分期付款法"，则对客户的尊重和信用度就会大打折扣。为此，可采用大额分期付款、小额按时足额支付的方法。另外，采用分期付款方法时，一定要妥善拟订分期付款计划，并将计划告之客户，且必须确保按计划履行付款义务，这样才不会失信于客户。

5. 改进工资支付方式法

企业每月在发放职工工资时，都需要大笔的现金，而这大笔的现金如果在同一时间提取，则在企业现金周转困难时可能会导致企业陷入危机。解决此危机的方法就是最大限度地避免这部分现金在同一时间提取。为此，可在银行单独开设一个专供支付职工工资的账户，然后预先估计出开出支付工资支票到银行兑现的具体时间与大致金额。

6. 外包加工节现法

对于生产型企业，特别是工序繁多的生产型企业，可采取部分工序外包加工的方法，以有效地节减企业现金。举例说明如下：某生产型企业其元器件、零部件的采购需要采购成本，加工则需要支付员工的工资费、保险费，而生产线的维护、升级等也同样需要占用大量的流动资金，这样，就可以采取外包加工的方法。外包后，只需要先付给外包单位部分定金就可以了。在支付外包单位的账款时，还可以采用分期付款法等合理地延缓付款时间。

（三）闲置现金投资管理

企业在筹集资金和经营业务时会取得大量的现金，而这些现金在用于资本投资或其他业务活动之前，通常会闲置一段时间。企业如果将这些现金一味地闲置就是一种损失、一种浪费。为此，企业可将其投入到流动性高、风险性低、交易期限短且变现及时的投资上，以获取更多的利益。如金融债券投资、可转让大额存单、回购协议等，而股票、基金、期货等投资虽然可行，因风险较大故不提倡。

三、企业应收账款管理

当前，我国绝大多数企业都面临"销售难、收款更难"的双重困境。一方面，市场竞争日益激烈，为争取客户订单，企业往往提供很多优惠条件，利润越来越薄；另一方面，客户拖欠账款，加上销售人员催收不力，产生了大量呆账、坏账，使本已单薄的利润更被严重侵蚀。因此，加强企业的应收账款管理就显得愈加重要了。要做好应收账款管理主要应做到以下几个方面：

（一）应收账款收回来才是资产

应收账款管理是指在赊销业务中，从授信方（销售商）将货物或服务提供给受信方（购买商）开始到款项实际收回或作为坏账处理结束整个期间，授信企业采用系统的方法和科学的手段，对应收账款回收全过程所进行的管理。其目的是保证足额、及时地收回应收账款，降低和避免信用风险。

应收账款管理是信用管理的重要组成部分，它属于企业后期信用管理范畴。因此，应收账款通常是一家公司最重要的三类资产之一。那么，怎样才能给予它更多关注，让它更好地为企业所用？明智的做法是，把应收账款视为"闲置的现金"。也就是说，要像看待库存一样对待应收账款。从这个角度上来说，应收账款和库存别无二致。二者只有物理属性的差异：库存是实物；而应收账款是存放在无形的仓库中的，比如客户的银行账户或者他们的口袋，而且未来要付给你。如果你交付了价值100万美元的货物，就减少了库存，降低了库存占总资产的比例。而如果以挂账的方式出售货物，你只需要将一种形式的资产转换成另一种形式。于是，你便不再拥有一种有形且可控的资产，它暂时不可见，要等客户付了款才会变回有形资产。

可以说，虽然库存是销售的源泉，但应收账款才是保证公司运转的燃料。毕竟，如果得不到应收账款，公司就无法生存。作为一项资产，应收账款可以用来给供应商付款、发工资、付租金、维护生产设备等，因此，尽管在客户付款以前，应收账款一直都躺在他们的银行账户上，但这实际上是一笔亟须得到的资金。

（二）应收账款要加强信用管理

正确评价客户资信等级对成功收回应收账款起决定作用。对此，初创企业不可避免地要对客户的信用情况进行调查，广泛收集有关客户信用情况的资料。因此，为确保各项信用管理政策的有效实施，设立一个独立的信用管理部门是非常必要的。信用管理部门不属于销售或财务部门，而是完全独立的一个部门，并由专人管理。信用管理部门强调的是事前防范，而不是事后处理。同时，其通过与客户的日常交往、公共信息渠道等获得所需的资料来建立客户资信管理体系，对所获得的资料进行整理、分析，并建立客户数据库，对客户进行分类管理，对客户的信用状况进行动态跟踪管理，并采取"5C"法，即通过品质（Character）、资本（Capital）、偿付能力（Capacity）、抵押（Collateral）、条件（Conditions）五方面来评估客户信用，如图2-1所示。

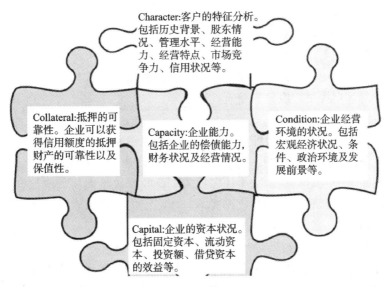

图 2-1 全面评估客户信用风险的"5C"法

Character:客户的特征分析。包括历史背景、股东情况、管理水平、经营能力、经营特点、市场竞争力、信用状况等。

Collateral:抵押的可靠性。企业可以获得信用额度的抵押财产的可靠性以及保值性。

Capacity:企业能力。包括企业的偿债能力、财务状况及经营情况。

Condition:企业经营环境的状况。包括宏观经济状况、条件、政治环境及发展前景等。

Capital:企业的资本状况。包括固定资本、流动资本、投资额、借贷资本的效益等。

对此，作为初创企业，可以通过以下工作来加强企业的信用管理：一是汇集、整理销售和财务等部门提供的客户调研情况。汇集、整理销售部提供的客户跟踪情况和物流部所反映的发货有关情况、财务部提供的客户货款结算情况和应收账款余额情况，并从政府管辖的公共信息或中介机构提供的信用调查服务中获取信息。二是由专门的信用分析人员甄别对比各类渠道获得的信息。重点调查客户在经营、支付能力等方面的重大变化情况和违规事件，不断剔除虚假信息。用规范化的制度整理客户信息，避免客户信息被销售人员个人垄断，造成客户资源的分散或流失。三是建立专业化管理维护信息数据库。对客户资料不断更新，及时分析客户信用度变化情况，定期撰写客户信用分析报告，提出销售策略以及欠款警戒线建议，以便及时调整销售方案。对个别重大或突发事件，应及时撰写分析报告，以避免给企业造成损失。四是分析客户信用状况、对客户进行授信。客户授信工作的核心在于分析评价客户的信用状况。信用管理部门必须掌握信用分析评价技术，可采用定量分析方法和定性分析方法，定量分析比较多地依赖公司的财务数据，而定性分析则比较多地依赖专家的综合判断。企业对客户授信，必须是建立在对客户进行信用调查和信用状况评价分析的基础上，并且对授信的信用条件、信用期限和信用标准进行综合选择之后，确定授信额度。

（三）慎重对待客户赊销

赊销对于初创企业来说既有利又有弊。一方面，初创企业要生存和发展，完全离开赊销不行，没有应收账款同样不行。另一方面，简单、随意地进行赊销显然更不行。作为初创企业者，应通过以下措施加强赊销业务管理，有效地控制赊销的成本和风险，最大限度地减少应收账款及坏账损失。

1. 慎重选择赊销对象

首先根据市场供求关系的现状确定本企业产品的销售条件。其次确定给予赊销的条件，对赊销对象的信用状况进行评估。企业内部有关部门应建立赊销对象信用档案，并定期更新。最后要做好赊销业务的原始记录工作，一般不应向有延期付款记录的客户提供应收账款信贷。

2. 加强内部控制制度

这主要包括赊销制度与收账政策两方面。就赊销制度而言，初创企业应该建立审批负责制，对于发生的每一笔赊销和应收账款业务都要明确具体的责任人，以便于应收账款的及时回收，减少坏账损失。就收账政策而言，应根据应收账款的具体情况，权衡利弊，处理好收账成本与坏账损失、收账成本与期望收回的应收账款之间的关系，最大限度地减少坏账损失。

3. 对应收账款进行分析

这主要包括开展跟踪分析和开展账龄分析两方面。就开展跟踪分析而言，初创企业要向客户销售产品，发生了赊销业务，是否能够按照事前的约定，及时、足额地收到货款，实现资金回笼，这主要取决于客户的信用品质、财务状况及是否可以实现该产品的价值转换或增值等因素。就开展账龄分析而言，通常情况下，赊销客户应收账款拖欠的时间越长，应收账款回收的难度就越大，企业发生坏账损失的概率也就越大。所以，企业可以通过对应收账款进行账龄分析，及时掌握应收账款的回收和情况变化。

4. 控制坏账风险

企业只要发生了赊销业务，就会存在应收账款无法收回的风险，相应地也就存在发生坏账的风险。企业首先应该按照国家相关的制度规定，采取一定的措施及通过不同的方式对可能发生的坏账损失进行合理预计，通过计提备用金的形式合理披露相关信息。其次，企业应加大坏账的处理力度，对已经确认为坏账的应收账款，不放弃对它的追索权，及时掌握债务人的偿债能力，及时、积极追偿。

（四）谨防坏账的催账技巧

催收欠款难，这是公认的事实，且需要遵循一定程序，如图 2-2 所示。但是作为初创企业更应该适当掌握贷款催收中的十二条技巧。

一是要想取得良好催收效果，自己就必须摆正自己的架势。所以见到欠款客户的第一句话就得确立你的优势心态。通常应当强调是我支持了你，而且我付出了一定的代价。尤其是对于付款情况不佳的客户，一碰面不必跟他寒暄太久，应赶在他向你表功或诉苦之前，直截了当地告诉他，你来的目的不是求他跟自己下订单，而是他该付你一笔货款，且是专程前来。

二是坚定信心，让欠款客户打消任何拖、赖、推、躲的思想。由于银行贷款条件苛刻，融资是相当困难的事，于是很多客户或许做梦都想空手套白狼，认为欠账是一种本事，是融资能力超强的一种表现形式。面对这种情况，不下狠心是收不回来欠账的。所以，在向客户初次催款时，你应当将企业对于欠款管理的高

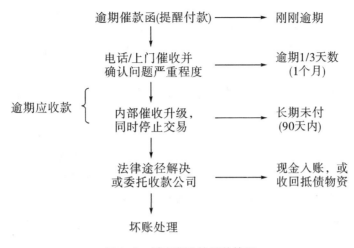

图 2-2　循序渐进的催款管理

度重视及催收手段的多样化等强势地展现出来,以坚定的口气告诉对方:宁可花两万元也要收回欠款一万元。

三是根据欠款客户偿还欠款的积极性高低,把握好催收时机。对于付款准时的客户,约定的时间必须前去,且时间一定要提早,这是收款的一个诀窍。否则客户有时还会反咬一口,说:"我等了你好久,你没来。"还有可能致使原本该支付给你的货款,被客户挪作他用。上门催收之前要先在公司内部做足功课,与财务部门、物控部门等对于发货、退货、开发票等数额都一一明确,确认对方所欠货款的确切金额,了解对方货款拖欠的具体时间。如果对方总是说没钱,你就要想法安插"内线",必要时还可花点小钱让对方的人员为我所用。在发现对方手头有现金时,或对方账户上刚好进一笔款项时,即刻赶去,逮个正着。

四是到客户公司登门催收欠款时,不要看到客户有另外的客人就走开。你一定要说明来意,专门在旁边等候,说不定这本身对催收欠款有帮助。因为客户不希望他的客人看到债主登门,这会让他感到难堪和没有面子。倘若欠你的款不多,他多半会装出很痛快的样子还你的款,为的是尽快赶你走,或是挣个表现给其他合作者看。

五是态度要坚决。有时欠款客户一见面就百般讨好你,心里想赖账,见面了却表现得很积极。他会假意让你稍稍等候,说自己马上去取钱还你。但跑一圈回来,十有八九是两手空空。这时他会向你表示对不起,表明自己已经尽力了,让你不好责备他。这是客户在施缓兵之计。这时,你一定要强调,今天一定得拿到欠款,否则,绝不离开。

六是在催收欠款时,如对方有钱却故意吊你的胃口,应及时找出对策。一般不能在此时去耐心地听对方说明,如客户确实发生了天灾人祸,在理解客户难处的同时,让客户也理解自己的难处,你可说就因没收到欠款,公司已让你有一个月没领到工资了,连销售部经理的工资也扣了一半。诉说时,要做到神情严肃,力争动之以情,晓之以理。

第二章　财务管理

033

七是不能在拿到钱之前谈生意。此时对方会拿"潜在的订单"做筹码与你讨价还价。若你满足不了其要求，他还会产生不还钱"刺激"你一下的想法。此时一定要把收欠当成唯一的大事，让对方明白，如这笔钱不还，哪怕有天大的生意也免谈。

八是假如你这天非常走运，在一个还款本不积极的欠款客户那里出乎意料地收到很多欠款，最好尽快离开，以免他觉得心疼而反悔，或者觉得对你有恩而向你要好处。

九是有一种说法是：销售人员在把客户当上帝一样敬的同时，也要把他当"贼"一样地防。时刻关注一切异常情况，如客户资不抵债快要倒闭了，或是合伙的股东撤资转为某人单干了。一有风吹草动，得马上采取措施，防患于未然，杜绝呆账、死账。

十是可打银行的牌，对欠款客户收取欠款利息。事先发出有效书面通知，声称银行对公司催收贷款，并给公司规定出了还贷款期限，如公司没按期限归还银行贷款，银行将采取措施处罚公司。因此公司要求欠款户必须在某期限以前还欠，否则只好被迫对其加收利息。如此一来，一般欠款户更易于接受。

十一是对于经销商类的客户，暂且搁下欠款不提，但强调"要想再进货，一律现款"。这样做可以稳住经销商，保持销量。等经销商销售公司的产品比较稳定，形成积重难返或难舍难分的局面时，压在公司的折扣的积累增加了，再让其偿还欠款就会容易得多。

十二是掌握打催收欠款电话的时机。在欠债人情绪最佳的时间段打电话，他们更容易同你合作。例如下午3:30时以后打电话最好，因他们上午一般较忙，给欠债人留下上半天做生意是个好主意，这样他们有足够的时间进入正常的工作状态，下午是他们精神较为放松的时候，一般心情都会比较好。此时催欠容易被接受。此外，必须避免在人家进餐的时间段打电话。

四、企业成本控制管理

无论经济环境是否景气，企业的管理者都必须控制成本，削减不必要的开支，以便将节约下来的资源投入到回报更高的业务中去。成本控制不仅仅是一门技术，更是一门艺术。作为初创企业，资金的投入产出比是非常重要的，这就涉及企业成本控制问题。那么，作为初创企业，必须能够厘清成本、费用与支出的区别，从而有效控制企业成本。

（一）成本、费用与支出的区别

成本、费用、支出概念及其关系问题在实践中运用较乱，规范体系中也缺乏总体一致性。特别是作为初创企业，更需要明确成本、费用、支出概念的内涵与外延，规范它们之间的相互关系。

1. 成本、费用之间的关系

成本与费用是两个并行的概念，也是经常被混淆的两个概念，尽管它们之间有一定的联系，但实际上它们之间存在本质的区别。成本与企业特定资产或劳务相关，而费用则与特定期间相关；成本是企业为取得某种资产或劳务所付出代价的量度，而费用则是为取得收入而发生的资源耗费；成本不能抵减收入，只能以资产的形式反映在资产负债表中，而费用则必须冲减当期的收入反映在利润表中。但成本通过"资产化"，再通过耗费过程可以转化为费用（即：成本—资产—费用），如企业为了开展生产经营活动，必须购置某项设备而发生支出，形成固定资产的采购成本，设备安装完毕，交付使用并构成企业的一项固定资产（成本—资产）。

2. 支出与费用、成本之间的关系

一方面，收益性支出形成费用。《企业会计制度》规定：凡支出的效益仅及于本会计年度（或一个营业周期）的，应当作为收益性支出。根据配比原则，收益性支出形成费用，计入当期损益。但划分资本性支出与收益性支出的时间标准如果以月为单位，可能更恰当，更利于相关概念之间的协调，避免矛盾的产生。如，制度规定：将资本性支出计列于资产负债表中，作为资产反映，以真实地反映企业的财务状况；将收益性支出计列于利润表中，计入当期损益，以正确地计算企业当期的经营成果。另一方面，资本性支出形成资产。《企业会计制度》规定：凡支出的效益及于几个会计年度（或几个营业周期）的，应当作为资本性支出。根据配比原则及资产的定义，由于资本性支出使几个会计期间受益，在发生的当期就不能作为费用计入损益，而应该作为资产在未来的受益期间内分期转作费用。因此，资本性支出形成资产，而资产的取得成本，就是全部资本性支出。如果企业不能正确区分收益性支出和资本性支出，将本应作为收益性支出的而作为资本性支出就会虚增企业的资产和利润；相反，将本应作为资本性支出的而作为收益性支出，将会虚减企业的资产和利润，这两种现象都会影响企业提供的会计信息质量，误导会计信息的使用者，这都是现行制度或法规所不允许的。

（二）实现"企业花钱是为了省钱"[①]

在市场经济环境下，经济效益始终是企业管理追求的首要目标，特别是对于初创企业来说，控制成本是非常重要的一项工作。对此，初创企业在成本控制管理工作中应该树立成本效益观念，实现由传统的"节约、节省"观念向现代效益观念转变。特别是在我国市场经济体制逐步完善的今天，企业管理应以市场需求为导向，通过向市场提供质量尽可能高、功能尽可能完善的产品和服务，力求使企业获取尽可能多的利润。与企业管理的这一基本要求相适应，初创企业成本管理也就应与企业的整体经济效益直接联系起来，以一种新的认识观——成本效益观念看待成本及其控制问题。初创企业的一切成本管理活动应以成本效益观念作为支配思想，从"投入"与"产出"的对比分析来看待"投入"（成本）的必要性、合理性，即努力以尽可能少的成本付出，创造尽可能多的使用价值，为初创企业获取更多的经济效益。

值得注意的是，"尽可能少的成本付出"与"减少支出、降低成本"在概念

---

① 李吉红. 成本管理观念的更新与成本控制新思路 [J]. 才智, 2009 (7)：178-179.

上是有区别的。"尽可能少的成本付出"，不仅仅是节省或减少成本支出，而是运用成本效益观念来指导新产品的设计及老产品的改进工作。比如，在对市场需求进行调查分析的基础上，认识到如在产品的原有功能基础上新增某一功能，会使产品的市场占有率大幅度提高，那么尽管为实现产品的新增功能会相应地增加一部分成本，只要这部分成本的增加能提高企业产品在市场的竞争力，最终为企业带来更大的经济效益，这种成本增加就是符合成本效益观念的。又比如，企业推广合理化建议，虽然要增加一定的费用开支，但能使企业获取更好的收益；引进新设备要增加开支，但因此可节省设备维修费用和提高设备效率，从而提高企业的综合效益；为减少废次品数量而发生的检验费及改进产品质量等有关费用，虽然会使企业的近期成本有所增加，但企业的市场竞争能力和生产效益却会因此而逐步提高；为充分论证决策备选方案的可行性及先进合理性而发生的费用开支，可保证决策的正确性，使企业获取最大的效益或避免可能发生的损失。这些支出都是不能不花的，这种成本观念可以说是"花钱是为了省钱"，都是成本效益观念的体现。

五、透析财务报表

企业财务系统都要产生资产负债表、损益表和现金流量表三种基本的财务报表。一套完备、详尽的报表资料就是一个企业的画像，是一个企业的解剖图，它们能够反映出企业过去或当前的经营状况，也能够预测企业未来的经营前景，有助于创业者较为准确地把握特定时期企业的偿债能力、营运能力及获利能力。因此，作为一个创业者必须具备识别财务报表的能力。

（一）资产负债表

资产负债表是总括反映某一会计主体在特定日期（如年末、季末、月末）财务状况的会计报表，基本结构是以"资产＝负债+所有者权益"平衡公式为理论基础的，该等式的左方与右方分别代表着企业的资产、企业不同投资者（债务人、所有者）投入企业的资金及其留利部分。整张报表反映的是企业持有的经济资源及其产权归属的对照关系，如表2-4所示。作为创业者，资产负债表可以帮助其核查和分析创业企业的财务状况，特别是收入和支出方面。诸如，应收账款的周转时间是否在延长？收取账款能否更积极些？有些债务无法收回吗？创业企业因放慢应付款的支付速度是否预示了资金短缺的到来？此外，资产负债表还可以有存货表、固定资产及累计折旧表和无形资产等附表。

表2-4　　　　　　　　　　　某公司资产负债表　　　　　　　　　单位：万元

项目	期初数	期末数	项目	期初数	期末数
流动资产			流动负债		
货币资金	5 425 437.78	4 713 342.90	短期借款	—	—
短期投资			应付票据		
应收票据	—	—	应付账款		

表2-4(续)

项目	期初数	期末数	项目	期初数	期末数
应收股利	—	—	预收账款	—	—
应收利息			应付工资	—	—
应收账款	2 745 705.00	1 400 000.00	应付福利费	—	—
其他应收款	7 340 130.34	7 773 261.14	应付股利	—	—
预付账款	—	1 200 000.00	应交税金	275 016.20	240 584.18
应收补贴款	—	—	其他应交款		
存货	—	—	其他应付款	12 687 100.14	12 713 900.14
待摊费用	117 049.64	70 082.92	预提费用		
一年内到期的长期投资	—	—	一年内到期的长期负债		
其他流动资产	—	—	其他流动负债		
流动资产合计	15 628 322.76	15 156 686.96	流动负债合计	12 962 116.34	12 954 484.32
长期投资:					
长期股权投资	7 041 087.14	7 467 753.82	长期负债:		
长期债券投资	—		长期借款	—	—
长期投资合计	7 041 087.14	7 467 753.82	应付债券	—	—
固定资产:			长期应付款	—	—
固定资产原价	1 412 324.85	1 412 324.85	专项应付款	—	—
减:累计折旧	378 678.91	463 418.59	其他长期负债	—	—
固定资产净值	1 033 645.94	948 906.26	长期负债合计	—	—
减:固定资产减值准备	—	—			
固定资产净额	1 033 645.94	948 906.26	递延税项:		
工程物资	—	—	递延税款贷项		
在建工程	—	—	负债合计	12 962 116.34	12 954 484.32
固定资产清理	—	—			
固定资产合计	1 033 645.94	948 906.26	所有者权益:		
无形资产及其他资产:			实收资本	8 600 000.00	8 600 000.00
无形资产	—	—	减:已归还投资	—	—
长期待摊费用	—	—	资本公积	76 320.95	76 320.95
其他长期资产	—	—	盈余公积	—	—
无形资产及其他资产合计	—	—	其中:法定公益金	—	—
递延税项:			未分配利润	2 064 618.55	1 942 541.77
递延税款借项	—	—	所有者权益合计	10 740 939.50	10 618 862.72
资产总计	23 703 055.84	23 573 347.04	负债及所有者权益总计	23 703 055.84	23 573 347.04

（二）损益表

损益表是总括反映创业企业在一定期间内经营收支和经营成果的财务报表，是企业必须按月编报的报表之一。损益表有收入、费用和利润三大类项目，这三类项目之间的关系是"收入−费用=利润"，如表2-5所示。创业者通过损益表能了解公司的收益和支出情况及哪些业务超过了预算等问题，因此有助于其及时掌握产品利润或销售成本急剧增长的情况。损益表有利润分配表、主管业务收支、产品生产成本表、主要产品单位成本表、产品生产销售成本表、制造费用明细表、销售费用表、管理费用明细表、营业外收支明细表、投资收益明细表等附表。

表2-5　　　　　　　　　　　　　某公司损益表　　　　　　　　　　单位：万元

项目	上年数	本年累计数
一、产品销售收入	309.768 8	397.520 0
减：产品销售成本	220	268.538
产品销售费用	17.44	18.858
税金及附加	1.802	16.942
二、主营业务利润	70.526 8	93.182 0
加：其他业务利润	3.44	9.873 4
减：销售费用	10	13
管理费用	9.696 8	13.98
财务费用	0.334	0.654
三、营业利润	53.936	75.421 4
加：投资收益	1.8	2.8
补贴收入	0.89	0.94
营业外收入	1.896	1.088
减：营业外支出	6.42	
四、利润总额	57.88	80.249 4
减：所得税	18.916	26.482 2
五、净利润	38.964	53.767 2

（三）现金流量表

现金流量表是在现金的基础上编制的，用于反映企业财务状况变动情况的财务报表。现金流量表中的现金包括"现金"账户核算的库存现金，还包括企业"银行存款"账户核算的存入金融机构、随时可以用于支付的存款，以及"其他货币资金"账户核算的外埠存款、银行汇票存款、银行本票存款和长途货币资金等，如表2-6所示。作为创业者，可以利用现金流量表正确评价创业企业当前及未来的偿债能力、支付能力、当期及以前各期取得利润的质量，以较为准确地预测企业财务状况。

表 2-6 　　　　　　　　　　**某公司现金流量表** 　　　　　　单位：万元

一、经营活动产生的现金流量：	
销售商品、提供劳务收到的现金	790
收到的税费返回	
收到的其他与经营活动有关的现金	
现金流入小计	790
购买商品、接受劳务支付的现金	540
支付给职工以及为职工支付的现金	90
支付的各项税费	50
支付的其他与经营活动有关的现金	25
现金流出小计	705
经营活动产生的现金流量净额	85
二、投资活动产生的现金流量：	
收回投资所收到的现金	
取得投资收益所收到的现金	30
处置固定资产、无形资产和其他长期资产而收到的现金净额	
收到的其他与投资活动有关的现金	
现金流入小计	30
购建固定资产、无形资产和其他长期资产所支付的现金	50
投资所支付的现金	80
支付的其他与投资活动有关的现金	
现金流出小计	130
投资活动产生的现金流量净额	100
三、筹资活动产生的现金现量：	
吸收投资所收到的现金	60
取得借款所收到的现金	
收到的其他与筹资活动有关的现金	
现金流入小计	
偿还债务所支付的现金	
分配股利或利润和偿付利息所支付的现金	40
支付的其他与筹资活动有关的现金	
现金流出小计	
筹资活动产生的现金流量净额	20
四、汇率变动对现金的影响额	
五、本期现金及现金等价物净增加额	770

（四）财务分析

财务分析是以财务报告资料及其他相关资料为依据，采用专门的分析方法，对经济组织过去和现在的有关筹资活动、投资活动、经营活动、分配活动、盈利能力、营运能力、偿债能力和发展能力状况等进行分析与评价的经济管理活动。作为创业者，可以通过财务分析来了解企业过去、评价企业现状、预测企业未来。

1. 财务报表的分析方法

作为创业者，一定要会分析财务报表。财务报表分析最主要的方法是比较分析法和因素分析法。其中，比较分析法的理论基础是，客观事物的发展变化是统一性与多样性的辩证结合。共同性使它们具有了可比的基础，差异性使它们具有了不同的特征。在实际分析时，这两方面的比较往往需要结合使用。按比较参照标准可以分为趋势分析、同业分析、预算差异分析等。比较分析法的主要作用在于揭示客观存在的差距以及形成这种差距的原因，帮助人们发现问题，挖掘潜力，改进工作。比较分析法是各种分析方法的基础，不仅报表中的绝对数要通过比较才能说明问题，计算出来的财务比率和结构百分数也都要与有关资料（比较标准）进行对比，才能得出有意义的结论。因素分析法是指把整体分解为若干个局部的分析方法，包括比率因素分解法和差异因素分解法。比率因素分解法是指把一个财务比率分解为若干个影响因素的方法。比如说，资产收益率可以分解为资产周转率和销售利润率两个比率的乘积。差异因素分解法是解释比较分析中所形成差异的原因的方法，比如说，产品材料成本差异可以分解为价格差异和数量差异。

2. 企业财务分析的主要角度

作为创业者，要懂得如何进行分析筹资活动、投资活动、经营活动、盈利能力、营运能力、偿债能力等。

一是筹资活动分析。这主要包括筹资规模与变动分析、筹资结构与变动分析。筹资规模与变动分析，主要借助于资产负债表中的负债和所有者权益的数据，利用水平分析法分析企业筹资规模的变动情况、观察其变动趋势，对其合理性进行评估。这样有助于创业者了解企业的经营资本从哪些渠道、以何种方式取得，所有者权益资本和负债资本应保持在何种水平等问题。筹资结构与变动分析需要与上个周期、同行业或标准水平进行比较，并且对筹资结构进行变化趋势的分析。这样有助于创业者选择适当的筹资结构。

二是投资活动分析。这主要包括资产规模与变动分析、资产结构与变动分析。资产规模与变动分析可采用水平分析法，从数量上了解企业资产的变动情况，分析变动的具体原因。这样有助于将企业规模控制在合理范围内，实现企业的可持续经营。资产结构与变动分析可采用垂直分析法。通过计算报表中各项目占总体的比重，反映各项目与总体的关系情况及其变动情况。这样有助于创业者合理配置企业资源。

三是经营活动分析。这主要包括利润额增减变动及结构变动分析、收入分析、成本费用分析等。利润总额是指反映企业全部财务成果的指标。利润额变动分析可采用水平分析法，即编制水平分析表的方法。水平分析表的编制采用增减变动额和增减变动百分比两种方式。利润结构变动分析可采用垂直分析法，即根据利润表中的资料，通过计算各因素或各种财务成果所占的比重，分析财务成果的结构及其变动的合理性。这样有助于创业者了解企业的营业利润、对外投资收益，以及营业外收支情况等。企业收入分析主要从主营业务与其他收入的结构进行分析，不仅要研究其总量，而且应分析其结构及其变动情况，这样有助于创业者了解企业经营方向和会计政策的选择。成本费用分析可根据产品生产、销售成本表的数据，采用水平分析法和垂直分析法进行分析。这样有助于创业者了解企业的实际投入状况。

四是盈利能力分析。这主要包括资本盈利能力分析、资产盈利能力分析、经营盈利能力分析等。盈利能力是指企业在一定时期内赚取利润的能力。初创企业的企业主可以主要对净资产收益率指标进行分析和评价。资本盈利能力分析的主要财务指标是净资产收益率（权益报酬率），其计算公式为：

净资产收益率＝净利润÷[（期初所有者权益合计＋期末所有者权益合计）÷2]×100%

资产盈利能力分析主要是对总资产报酬率指标进行分析和评价，资产的利用效率越高，说明企业在增加收入和节约资金等方面取得的效果越好。初创企业的企业主可以主要对资产净利率进行分析，其计算公式为：

资产净利率＝净利润÷[（期初资产总额＋期末资产总额）÷2]×100%

经营盈利能力分析包括收入利润率分析和成本利润率分析两方面内容。初创企业的企业主可以主要对销售净利润率进行分析，其计算公式为：

销售净利润率＝（净利润÷销售收入）×100%

五是营运能力分析。这主要包括总资产营运能力分析、流动资产营运能力分析、固定资产营运能力分析等。总资产营运能力分析就是对企业全部资产的营运效率进行综合分析，反映总资产的周转速度，周转速度越快，说明销售能力越强。初创企业的企业主可以主要对总资产周转率进行分析，其计算公式为：

总资产周转率＝销售收入÷[（期初资产总额＋期末资产总额）÷2]×100%

流动资产营运能力分析直接影响或决定企业全部资产的营运效率，主要分析指标有流动资产周转率、存货周转率、应收账款周转率等。流动资产周转率反映了流动资产的周转速度，周转速度越快，会相对节约流动资产，相当于扩大资产的投入，增强企业的盈利能力；而延缓周转速度，需补充流动资产参加周转，形成资产的浪费，降低企业的盈利能力。存货周转率是存货周转速度的主要指标。提高存货周转率，缩短营业周期，可以提高企业的变现能力。应收账款周转率越高，说明其收回越快。反之，说明营运资金过多呆滞在应收账款上，影响正常资金周转及偿债能力。其计算公式分别为：

流动资产周转率＝销售收入÷[（期初流动资产＋期末流动资产）÷2]×100%

存货周转率＝产品销售成本÷[（期初存货＋期末存货）÷2]×100%

应收账款周转率＝销售收入÷[（期初应收账款＋期末应收账款）÷2]×100%

固定资产营运能力主要体现在固定资产产出与固定资产占用之间的比率关系上，通常可用固定资产收入率反映企业固定资产的营运能力。其计算公式为：

固定资产收入率＝销售收入总额÷〔（期初固定资产价值+期末固定资产价值）÷2〕×100%

六是偿债能力分析。这主要包括短期偿债能力分析、长期偿债能力分析等。短期偿债能力就是指企业偿还流动负债的能力，主要通过流动比率、速动比率、营运资金等指标进行计算和分析，以说明企业短期偿债能力状况及原因。流动比率体现了企业的偿还短期债务的能力。流动资产越多，短期债务越少，则流动比率越大，企业的短期偿债能力也越强。速动比率比流动比率更能体现企业的偿还短期债务的能力。因为流动资产中，尚包括变现速度较慢且可能已贬值的存货，因此将流动资产扣除存货后再与流动负债对比，以更准确地衡量企业的短期偿债能力。营运资金实际上反映的是流动资产可用于归还和抵补流动负债后的余额。营运资金越多，说明企业可用于偿还流动负债的资金越充足，企业的短期偿债能力越强，债权人收回债权的安全性越高。其计算公式分别为：

流动比率＝流动资产÷流动负债

速动比率＝（流动资产-存货）÷流动负债

营运资金＝流动资产-流动负债

长期偿债能力分析就是指企业偿还本身所欠长期负债（偿还期限在一年或一个营业周期以上的债务）的能力。对企业长期偿债能力进行分析，可通过对反映企业长期偿债能力的资产负债率、利息保障倍数等指标进行计算和分析，说明企业长期负债能力的基本状况及其变动原因。资产负债率反映债权人提供的资本占全部资本的比例。该指标也被称为举债经营比率。负债比率越大，企业面临的财务风险越大。利息保障倍数指标是企业经营业务收益与利息费用的比率，用于衡量企业偿付借款利息的能力，也叫利息保障倍数。只要已获利息倍数足够大，企业就有充足的能力偿付利息。其计算公式分别为：

资产负债率＝（负债总额÷资产总额）×100%

利息保障倍数＝息税前利润÷利息支出

此外，在财务分析中，综合性的分析也是比较重要的，其中杜邦财务分析体系较为常用。该体系是将若干反映企业盈利状况、财务状况和营运状况的比率按其内在联系有机结合起来，形成一个完整的指标体系，并最终通过净资产收益率来综合反映，如图2-3所示。

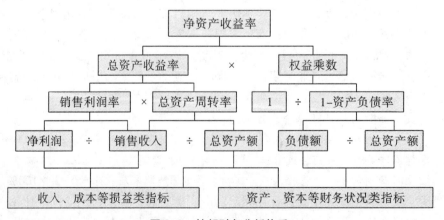

图2-3 杜邦财务分析体系

创业者可以通过杜邦财务分析体系，一方面可从企业销售规模、成本水平、资产营运、资本结构方面分析净资产收益率增减变动的原因；另一方面可协调企业资本经营、资产经营和商品经营关系，促使净资产收益率最大化，实现财务管理目标。

第二节 企业纳税筹划

随着越来越多的人开始了自己的创业，越来越多的创业企业面临纳税这个难题。对中小企业，特别是创业者来说，就算是已经听说过诸多的纳税筹划，却根本不知道自己该进哪个门，该走哪条道，甚至连哪部分行为属于纳税筹划，哪部分行为属于违法的偷漏税行为都分不大清楚。纳税筹划是指纳税人依据税法规定的优惠政策，采取合法的手段，最大限度地利用优惠条款，以达到减轻税收负担的合法经济行为。

一、合理避税就是创造利润

避税是随着税收的产生而产生，随着社会的发展而发展的。从古至今，无论在任何国家，只要税收存在，就会有避税现象的发生。他们可能采用变更住所、转移资金等一系列公开、合法的手段，来最大限度地"推卸"纳税义务。

我国税法中存在大量的优惠政策，税收征管工作中也存在一些漏洞，在这种情况下，只要企业认真学习我国的税收政策，在法律允许的范围内进行缜密的税务筹划，就能实现最大限度的合理避税，这对企业来说也是一种创造利润的过程。那么怎样理解这句话呢？下面通过公式进行分析：

营业利润＝主营业务利润＋其他业务利润－期间费用

利润总额＝营业利润＋补贴收入＋投资收益＋营业外收入－营业外支出

净利润＝利润总额－所得税

由以上公式可以看出：增加净利润的途径有两个，即加大利润总额、减少所得税。当收入已经达到极限或上升的空间已经很小时，要想加大利润总额，就只能减少期间费用和营业外支出，而这两项中包含了企业大部分的税务支出（除所得税外）。因此我们可以得出结论：如果能减少企业的税务支出，就能使其净利润增加。企业可以用节省下来的资金，充实本企业实力，或是进行扩大再生产，或是进行其他方面的投资（如股票、债券等），以期为企业带来更大的经济效益，从而使企业进入一个健康有序的良性循环。

虽然避税行为容易被认为是不道德的，但它若是建立在依法尽其义务、按时足额交纳税款的前提基础上，它就是合法的、不具有欺诈性质的，并作为企业的权利受到法律和社会的认可和保护。我们还可以从另一个角度来理解，避税是对已有税法的不完善或缺陷之处所做的显示说明，表明了现有税法尚不健全，税务当局恰好可以根据这种显示说明对现有税法进行修改和纠正。所以，合理避税有助于保证政府和执法部门及时发现税制及税法中所存在的问题，进而健全税收制度、完善税法，实现经济生活规范化和社会生活规范化，同时帮助我国企业健康发展，促进社会经济的进步。

二、企业该交纳的税目

许多人只知道公司经营需要交税，但是他们却并不知道到底要交哪些税，交多少，怎么交等。

一般而言，企业的经济性质和经营业务决定了他们各自应缴纳的税种和所适用的税率。从交税的项目而言，大体要分为三项：流转税、所得税和一些其他税种。下面将详细地介绍内外资企业的经营到底要交哪些税。

（一）流转税

流转税又称流转课税、流通税，是指以纳税人商品生产、流通环节的流转额或者流通数量以及非商品交易的营业额为征税对象的一类税收。它是商品生产和商品交换的产物，各种流转税是政府财政收入的重要来源。具体包括以下几类：

1. 增值税

增值税是指对在我国境内销售货物或者提供加工、修理修配劳务以及进口货物的单位和个人，就其货物销售或者提供劳务的增值额和货物的进口金额作为计税依据而课征的一种流转税。因其是对商品生产和流通中各环节的新增或商品的附加值进行征税，所以称之为"增值税"。增值税分类及税率如表2-7所示。

> **知识小贴士：**
>
> **一般纳税人与小规模纳税人的认定条件的区别**
>
> （1）主要从事生产或提供应税劳务（特指加工、修理修配劳务）的：年销售额在100万元以上的，可以认定为一般纳税人，100万元以下的为小规模纳税人；
>
> （2）主要从事货物批发零售的：年销售额180万元以上的可以认定为一般纳税人，180万元以下为小规模纳税人。工业企业年销售额在100万元以下的，商品流通企业年销售额在180万元以下的，属于小规模纳税人；反之，为一般纳税人。
>
> 税收管理规定的区别：
>
> （1）一般纳税人：销售货物或提供应税劳务可以开具增值税专用发票；购进货物或应税劳务可以作为当期进项税抵扣；计算方法为销项减进项。
>
> （2）小规模纳税人：只能使用普通发票；购进货物或应税劳务即使取得了增值税专用发票也不能抵扣；计算方法为销售额×征收率。

企业创立与经营综合仿真实训教程

表 2-7 增值税分类及税率

纳税人分类	税目	税率
一般纳税人	销售货物或提供加工、修理修配劳务以及进口货物	17%
	粮食、食用植物油	11%
	自来水、暖气、石油液化气、天然气等	
	图书、报纸、杂志、音像制品、电子出版物	
	饲料、化肥、农药、农机、农膜、农产品、食用盐等国务院规定的其他货物	
	提供交通运输、邮政、基础电信、建筑、不动产租赁服务，销售不动产，转让土地使用权	
	提供增值电信服务、金融服务、现代服务（租赁服务除外）、生活服务、转让土地使用权以外的其他无形资产	6%
	运输发票上的运费金额	7%抵扣
	工厂回收的废物旧资	10%抵扣
小规模纳税人	工业企业和商业企业	3%

按照党中央、国务院部署，为进一步完善税制，支持制造业、小微企业等实体经济发展，从 2018 年 5 月 1 日起，制造业等行业增值税税率从 17% 降至 16%，交通运输、建筑、基础电信服务等行业及农产品等货物的增值税税率从 11% 降至 10%。

增值税的特点有四个，分别是：

（1）普遍征收。从增值税的征税范围看，对从事商品生产经营和提供劳务的所有单位和个人，在商品增值的各个生产流通环节向纳税人普遍征收。

（2）税收负担最终由消费者承担。虽然增值税是向企业征收，但企业在销售商品时又通过价格将税收负担转嫁给下一生产流通环节，最后由最终消费者承担。

（3）实行税款抵扣制度。在计算企业应纳税款时，要扣除商品在以前生产环节已负担的税款，以避免重复征税。

（4）实行价外税制度。在计税时，作为计税依据的销售额中不包含增值税税额，这样有利于形成均衡的生产价格，并有利于税负转嫁的实现。

我国目前对一般纳税人采用的计税方式是国际上通行的购进扣税法，即纳税人销售货物或者提供应税劳务，应纳税额等于当期的销项税额减去当期的进项税额后的余额，即：

应纳税额＝当期销项税额－当期进项税额

当期销项税额小于当期进项税额不足抵扣时，其不足部分可以结转至下期继续抵扣。

2. 城市维护建设税（简称城建税）

这是我国为了加强城市的维护建设，扩大和稳定城市维护建设资金的来源而开征的，以纳税人实际缴纳的消费税、增值税两种税的税额之和为计税依据的一种附加税。企业所处的地方不同，所依据的税率也不同，具体标准见表 2-8。

表 2-8   城建税税率标准

档次	纳税人所在地	税率（%）
1	市区	7
2	县城、镇	5
3	不在市、县、城、镇	1

例：位于某县城的钢铁厂，2016 年 6 月应缴纳销售货物增值税 150 万元，应缴纳应税服务增值税 200 万元（原营业税），应缴纳消费税 100 万元，则该企业应缴纳的城市维护建设税税额是多少？

> **知识小贴士：**
>
> 营改增前，即 2016 年 5 月 1 日前，城建税、消费税是以增值税、消费税和营业税三种税的税额之和为依据。

应缴纳城建税 =（150+200+100）×5% = 22.5（万元）

3. 教育费附加

教育费附加是我国为了扩大地方教育事业，扩大地方教育经费的资金而征收的一种专项资金，是对缴纳增值税、消费税的单位和个人征收的一种附加费。教育费附加按缴纳的增值税和消费税的税额之和的 3% 缴纳。

例：位于某县城的钢铁厂，2016 年 6 月应缴纳销售货物增值税 150 万元，应缴纳应税服务增值税 200 万元（原营业税），应缴纳消费税 100 万元，则该企业应缴纳的教育费附加税税额是多少？

应缴纳教育费附加税 =（150+200+100）×3% = 13.5（万元）

（二）所得税

所得税又称所得课税、收益税，是指国家对法人、自然人和其他经济组织在一定时期内的各种所得征收的一类税收。它包括企业所得税和个人所得税，本节主要讲述企业所得税。

企业所得税，是对我国境内的企业和其他取得收入的组织的生产、经营所得和其他所得依法征收的一种税，是国家参与企业利润分配的重要手段。企业所得税的纳税人包括中国境内的国有企业、集体企业、私营企业、联营企业、股份制企业和其他组织，不包括外商投资企业和外国企业。所得税的税率标准如表 2-9 所示。

表 2-9   所得税税率标准

适用企业	税率
一般情况，在中国境内设立机构场所的企业	25%
（1）符合条件的小型微利企业； （2）在中国境内未设立机构、场所的，或者虽设立机构、场所但取得的所得与所设机构、场所没有实际联系的非居民企业	20%
国家需要重点扶持的高新技术企业	15%

所得税的特点有四个，分别为：

（1）税负不容易转嫁。所得税的课税对象是纳税人的最终所得额，纳税人就是负税人，税负一般不易转嫁。这一特点有利于政府直接调节纳税人的收入，缩小收入差距，实现公平分配的目标。

（2）税收弹性大，税收收入不够稳定。所得税的税收收入与国民收入的关系较为密切，能够比较准确地反映国民收入的增减变化情况，税收弹性大。与此相对应，由于易受经济波动的影响，税收收入不容易保持稳定性。

（3）税负较公平。所得税以所得额为课税对象，征收环节单一，只要不存在两个以上的课税主体，就不会存在重复征税。另外，所得税一般以净所得为计税依据，所得多的多征，所得少的少征，体现了量能负担的原则。

（4）计税较复杂，稽征管理难度较大。就企业而言，计算企业的应税所得涉及核算企业的收入、成本、费用、利润等。并且所得税的征收客观上要求整个社会有较高的信息、核算管理基础，只有这样，才能有较高的征收效率。

企业的应纳税所得额的计算公式为：

应纳税所得额＝会计利润±纳税调整项目金额

应纳所得税额＝应纳税所得额×适用税率−减免税额−抵免税额

其中，会计利润＝主营业务收入＋其他业务收入−主营业务成本−其他业务成本−税金及附加−管理费用−财务费用−营业费用＋营业外收入−营业外支出

企业的收入总额包括以货币形式和非货币形式从各种来源取得的收入。具体包括销售货物收入，提供劳务收入，转让财产收入，股息、红利等权益性投资收入，利息收入，租金收入，特许权使用费收入，接受捐赠收入及其他收入。其中，转让财产收入是指企业转让固定资产、生物资产、无形资产、股权、债券等的收入。租金收入是指企业提供固定资产、包装物或者其他有形资产的使用权取得的收入。

> **知识小贴士：如何进行纳税调整**
>
> 一般而言，针对收入项目，会计作为收入而税法作为非应税收入或免税收入的，应作纳税调减处理；针对支出项目，会计可以扣除而税法不可以扣除，以及会计全额扣除而税法限额扣除的，应作纳税调增处理。如果税法对某一收入和支出项目的税务处理没有明确规定，应基于税法合规性原则，将会计处理惯例作为税务处理的方法，此类项目也就不需要进行纳税调整。

例：某国有企业在中国境内设立机构用于生产 A 产品，2017 年度生产经营情况如下：销售收入 5 000 万元，销售成本 3 000 万元；销售费用 800 万元，其中广告费 720 万元，业务宣传费 80 万元；管理费用 500 万元，财务费用 100 万元，营业外支出 100 万元。假设该企业不存在纳税调整项目、减免税额以及抵免税额。请计算该企业的应纳所得税额。

应纳税所得额＝5 000−3 000−800−500−100−100＝500（万元）

应纳所得税额＝500×25%＝100（万元）

（三）其他税种

1. 消费税

该税种是对在中国境内生产、委托加工和进口应税消费品的单位和个人征收的一种间接税，可以对批发商或零售商征收。它的征收范围是所有的消费品，包括生活必需品和日用品。消费税实行价内税，只在应税消费品的生产、委托加工和进口环节缴纳，在以后的批发、零售等环节不用再缴纳消费税，税款最终由消费者承担。

表 2-10 消费税税率标准

税目	税率
鞭炮、烟火	15%
高尔夫球及球具	10%
高档手表	20%
木质一次性筷子	5%
实木地板	5%
化妆品	30%

消费税的特点如下：

（1）征税环节的单一性。消费税实行价内税，一般在应税消费品的生产、委托加工和进口环节缴纳，在以后的批发、零售等环节中不再征收消费税。但以下两类除外：从 1995 年 1 月 1 日起，金银首饰由生产销售环节改为零售环节征税；从 2002 年 1 月 1 日起，钻石以及钻石饰品由生产、进口环节改为零售环节征税。

（2）征税方法的多样性或灵活性。一般来说，一种税只有一种征收方法，要么从价定率征税，要么从量定额征税。但消费税两者都有，还有复合计税方法。消费税法规定：黄酒、啤酒、成品油适用从量定额税率；白酒、卷烟适用定额税率和比例税率相结合的复合计税办法；其他应税消费品一律适用比例税率，实行从价定率征税。

（3）税负具有转嫁性。消费税无论从哪个环节征收，也无论是实行价内税还是价外税，消费品中所含的消费额将会通过税负转嫁的方式落到消费者身上。

消费税应纳税额的计算分为从价定率、从量定额和从价从量混合计算三种。

（1）从价定率的计算公式为：

应纳税额＝应纳消费品的销售额×适用税率

（2）从量定额的计算公式为：

应纳税额＝应纳消费品的销售数量×单位税额

（3）从价定率和从量定额混合计算公式：

应纳税额＝应税销售数量×定额税率＋应税销售额×比例税率

2. 城镇土地使用税

这是以城镇土地为征税对象，以实际占用的土地单位面积为计税标准，按规定税额对拥有土地使用权的单位和个人征收的一种税。城镇土地使用税的纳税人就是在城市、县城、建制镇、工矿区范围内使用土地的单位和个人，但外国企业和外商投资企业暂不缴纳城镇土地使用税。城镇土地使用税按实际占用的土地面积等级划分不同，缴纳的税款也不同。具体征税标准见表2-11。

表2-11　　　　　　　　　　城镇土地使用税税额标准

级别	人口（人）	每平方米税额（元）
大城市	50万以上	1.5～30
中等城市	20万～50万	1.2～24
小城市	20万以下	0.9～18
县城、建制镇、工矿区		0.6～12

城镇土地使用税的应纳税额的计算公式为：

全年应纳税额＝实际占用应税土地面积（平方米）×适用税额

例：长江实业有限公司2017年占用土地情况如下：该公司单独占用土地面积40 000平方米，其中企业自己办的托儿所用地200平方米，企业自己办的职工医院占地2 000平方米，其余为企业生产经营用地。当地人民政府核定每平方米税额9元，那么该公司应该缴纳多少城镇土地使用税？

按规定，企业自办的医院、托儿所占用的土地免征土地使用税。

应纳城镇土地使用税＝（40 000-200-2 000）×9＝340 200（元）

3. 印花税

它是对经济活动和经济交往中书立、使用、领受具有法律效力凭证的单位和个人征收的一种税。印花税由纳税人按应缴税的比例和定额自行购买并粘贴印花税票。购销合同按购销金额的0.03%贴花；租赁合同按金额0.1%贴花，贴花账本按5元/本缴纳（每年启用时）；年度按"实收资本"与"资本公积"之和的0.05%缴纳（第一年按全额缴纳，以后按年度增加部分缴纳）。公司成立后应缴纳第一笔税：资金印花税。其计算方法为：

资金印花税＝公司营业执照注册资本金额×万分之五

三、税收优惠政策

税收优惠政策是指税法对某些纳税人和征税对象给予鼓励和照顾的一种特殊规定。比如，免除其应缴的全部或部分税款，或者按照其缴纳税款的

> **知识小贴士：**
>
> 如果是新办企业，在前三个月的时间里如果没有收入的情况下可以在纳税申报中实行零申报，也就是前三个月不用交一分钱税款。

一定比例给予返还等，从而减轻其税收负担。税收优惠政策是国家利用税收调节经济的具体手段，国家通过税收优惠政策，可以扶持某些特殊地区、产业、企业和产品的发展，进而促进产业结构的调整和社会经济的协调发展。所得税优惠的具体内容如表2-12所示。

表 2-12　　　　　　　　　　　　　　　　税收优惠项目表

所得税税收优惠	具体项目
免征企业所得税	蔬菜、谷物、薯类、油料、豆类、棉花、麻类、糖料、水果、坚果的种植；农作物新品种的选育；中药材的种植；林木的培育和种植；牲畜、家禽的饲养；林产品的采集；灌溉、农产品初加工、兽医、农技推广、农机作业和维修等农、林、牧、渔服务业项目；远洋捕捞
减半征收企业所得税	花卉、茶以及其他饮料作物和香料作物的种植；海水养殖、内陆养殖
三免三减半政策（自项目取得第一笔生产经营收入所属纳税年度起，第 1 年至第 3 年免征企业所得税，第 4 年至第 6 年减半按 25% 税率征收企业所得税）	企业从事国家重点扶持的"公共基础设施"项目的投资经营所得，但是，企业承包经营、承包建设和内部自建自用的，不得享受上述企业所得税优惠；企业从事符合条件的"环境保护、节能节水"项目的所得
转让技术所得	符合条件的居民企业技术转让所得不超过 500 万元的部分，免征企业所得税；超过 500 万元的部分，减半征收企业所得税
抵扣应纳税所得额	创业投资企业采取股权投资方式投资于"未上市的中小高新技术企业"2 年以上的，可以按照其投资额的 70% 在股权持有满 2 年的当年抵扣该企业的应纳税所得额；当年不足抵扣的，可以在以后纳税年度结转抵扣
低税率优惠	符合条件的小型微利企业：20% 国家需要重点扶持的高新技术企业：15%

其中免税收入是指属于企业的应税所得但按照税法规定免征企业所得税的收入。减计收入是指企业以《资源综合利用企业所得税优惠目录》规定的资源作为主要原材料，生产国家非限制和非禁止并符合国家和行业相关标准的产品取得的收入，减按 90% 计入收入总额。"公共基础设施"项目是指公共污水处理、公共垃圾处理、沼气综合开发利用、节能减排技术改造、海水淡化等项目。

四、企业避税方略

避税不同于偷税、漏税，它是企业以遵守税法为前提，以对法律和税收的详尽理解、分析和研究为基础，利用法律上的某些漏洞或含糊之处来安排自己的事务，以达到减少应纳税款的目的。避税是合法的，而偷税、漏税却是违法的。在市场经济条件下，减少税负是提高企业竞争力的一个重要手段，如何在国家法律允许的范围内合理避税，使企业税负最轻，进而实现企业利润最大化，成为企业最关注的问题。常见的避税方法有以下几种：

（一）转移定价法

转移定价，又叫"转移价格"或"划拨价格"，是公司集团内部或利益关联方之间为了实现其整体战略目标，有效协调集团内各个单位之间或利益关联方之间的关系，谋求整体最大限度的利润而实现的一种交易定价。它不依照市场均衡价格进行交易。采取这种方法有两个前提：一是两个企业存在关联关系，能够分享避税收益，二是两个企业适用不同的税率。一般只会发生在关联企业的内部交易中，但也不排除有业务关系的企业互相勾结进行此类交易的可能。

例：甲公司生产单位成本为 1 000 元、市场售价为 2 000 元的产品，2017 年度共销售 400 件，每件销售费用为 500 元，其他费用不考虑。甲公司适用所得税税率为 33%。则甲公司 2017 年度应交所得税额为：

[（2 000-1 000-500）×400]×33% = 66 000（元）

2018 年，甲公司设立了一个具有独立法人资格的销售公司乙，用来销售甲的产品，其适用税率为 27%。甲对乙的销售价格为 1 350 元，销售数量与去年相同。

则甲预计缴纳所得税额 = [（1 350-1 000）×400]×33% = 46 200（元）

乙预计缴纳所得税额 = [（2 000-1 350-500）×400]×27% = 16 200（元）

甲乙一共缴纳的所得税额 = 46 200+16 200 = 62 400（元）

比 2017 年少缴纳的所得税额 = 66 000-62 400 = 3 600（元）

（二）筹资方案避税法

筹资方案避税法是指利用一定的筹资技术使企业达到最大获利水平和税负减少的方法。此方法主要包括筹资渠道的选择及还本付息方法的选择两部分内容。

（1）筹资渠道的选择。一般来说，企业的筹资渠道包括财政资金、金融机构信贷资金、企业自我积累、企业间拆借、企业内部集资、发行债券和股票、商业信用、租赁等形式。从纳税角度看，这些筹资渠道产生的税收后果有很大的差异，对某些筹资渠道的利用可有效地帮助企业减轻税负，获得税收上的好处。从避税角度看，企业内部集资和企业之间拆借方式效果最好，金融机构贷款次之，自我积累效果最差。其原因在于内部集资和企业之间的拆借涉及的人员和机构较多，容易使纳税利润规模分散而降低，出现"削山头"现象。同样，金融机构贷款亦可实现部分避税和较轻度避税：一方面，企业归还利息后，企业利润有所降低；另一方面在企业的投资产生收益后，出资机构实际上也要承担一定的税收，从而使企业实际税负相对降低。所以说，利用贷款从事生产经营活动是减轻税负、合理避开部分税款的一个途径。企业自我积累资金由于资金所有者和占用者为一体，税收难以分摊和抵销，避税效果最差。

（2）还本付息方法的选择。金融机构贷款计算利息的方法和利率比较稳定，实行避税的选择余地不大。而企业与经济组织的资金拆借在利息计算和资金回收期限方面均有较大弹性和回收余地，从而为避税提供了有利条件。其方法主要是：提高利息支付，减少企业利润，抵销所得税额；同时，再用某种形式将获得的高额利息返还给企业或以更方便的形式为企业提供担保等服务，从而达到避税目的。

例：某公司实收资本 200 万元，经营所需资本共 3 200 万元，不足资金 3 000 万元；每年有毛收入 6 000 万元，不含利息的费用（成本）占 80%。不足资金部分，该公司可以通过向银行借款或吸收资金入股两种方式解决。

情况一：向银行借款解决资金缺口问题。

向银行借款 3 000 万元，按年利率 6% 计算，则每年需支付的利息为 3 000×6%=180 万元。

应纳税所得额＝毛收入−费用（成本）−利息支出

　　　　　　＝6 000−6 000×80%−180＝1 020（万元）

实现节税额＝180×33%＝59.4（万元）

因为向银行借款会支出 180 万元的利息费用，即费用增加，相应利润减少，减少额为利息费用的应纳税额，即少交了利息费用的税，即节省了 59.4 万元。

税后净收益＝1 020×（1−33%）＝683.4（万元）

也就是说，用 200 万元资本，取得了 683.4 万元的税后净收益。

情况二：吸收资金入股解决资金缺口问题。

吸收 3 000 万元股本（每股 1 元），不需要支付利息，但要参与分配。

应税所得＝毛收入−费用（成本）

　　　　＝6 000−6 000×80%＝1 200（万元）

税后净收益＝1 200×（1−33%）＝804（万元）

每股净收益＝804÷3 200＝0.25（元/股）

这就是说，用 200 万元资本，取得 50（0.25×200）万元的税后净收益。同是原始股本 200 万元，情况一比情况二取得的税后净收益多 633.4 万元，同时情况一还产生了 59.4 万元的节税效应。因此，该企业可以采取向金融机构借款的方式弥补资金缺口。

例：某企业用 10 年时间积累起 5 000 万元，用这 5 000 万元购买设备进行投资，收益期为 10 年，每年平均盈利 1 000 万元，该企业适用税率为 33%，则：年均纳税额为 1 000×33%＝330（万元），10 年总纳税额为 330×10＝3 300（万元）；如果该企业从银行贷款 5 000 万元进行投资，年平均盈利仍为 1 000 万元，假设利息年支付额为 50 万元，扣除利息后，企业每年收入 950 万元，则：年均纳税额为 950×33%＝313.5（万元），10 年总纳税 313.5×10＝3 135（万元）。即运用银行贷款实现的有效避税额为 3 300−3 135＝165（万元）。

企业在初创筹资时期，如果将注册资本限定得较小，而经营所需的资本较大，则可以采取向金融机构借款的方式弥补资金缺口，既能保证税后净收益的最大化，又能通过增加企业负债和支付利息的办法，增加企业所得的扣除额，达到减轻税负的目的。

（三）投资方案避税法

投资方案避税法是指纳税人利用税法中对投资规定的有关减免税优惠，通过投资方案的选择，以达到减轻其税收负担的目的。具体包括以下几种：

1. 投资企业类型选择法

投资企业类型选择法是指投资者依据税法对不同类型企业的税收优惠规定，通过对企业类型的选择，以达到减轻税收负担的目的的方法。我国企业按投资来源分类，可分为内资企业和外资企业，对内、外资企业分别实行不同的税收政策；同一类型的企业内部组织形式不同，税收政策也不尽相同。因此，对不同类型的企业来说，其承担的税负也不相同。投资者在投资决策之前，对企业类型的选择是必须考虑的问题之一。

例：某企业可选择 A、B 两个项目进行投资。预计投产后，年销售收入均为 200 万元，外购各种非增值项目含税支出均为 180 万元。A 项目产品适用 17% 的增值税，B 项目适用 6% 的营业税（现该收增值税）。

A 项目：年应纳增值税额 = (200-180)÷(1+17%)×17% = 2.9（万元）

税后净收入 = (200-180)÷(1+17%) = 17.1（万元）

B 项目：年应纳增值税额 = 200×6% = 10（万元）（原营业税计算法）

税后净收入 = 200-180-10 = 10（万元）

在其他条件一致的情况下，投资两行业的净收入由于税负不同而相差 7.1 万元。

2. 横向联合避税法

横向联合避税法指为了获取税收上的好处，以横向联合为名组成联合经济组织。这种做法在税收上有几个好处：①横向联合后，企业与企业相互提供产品可以避开交易外表，消除营业额，从而避开增值税；②经济联合组织实现的利润，采用"先分后税"的办法，即由联合各方按协议规定从联合组织分得利润，拿回原地并入企业利润一并征收所得税。这就给企业在瓜分和转移利润上提供了机会。例如，为了鼓励再投资，我国税法规定，对向交通、能源、老少边穷地区投资分得的利润在 5 年内减半征收所得税，以分得的利润再投资于上述地区的免征所得税。作为企业就可以通过尽可能挂靠"老少边穷"和交通、能源，以达到避税的目的。但在实践中，横向联合避税法有其局限性：一是联合或挂靠本身有名无实，存在是否合法的问题；二是即使挂靠联合合法，也能享受税收优惠，但仍存在避税成本高低的问题。应择其优而选之。

3. 挂靠科研避税法

我国税法规定，对大专院校和专门从事科学研究的机构进口的仪器、仪表等，享受科研用品免税方法规定的优惠，即免征进口关税以及增值税。同时，为了促进高科技产业的发展，对属于火炬计划开发范围内的高技术、新技术产品，国家给予相应的税收优惠政策。由此产生了挂靠科研避税法。该做法是指企业通过一系列手法向科研挂靠，争取国家有关优惠，以达到避税目的。例如：企业以高新技术企业的名义，努力获取海关批准，在高新技术产业开发区内设立保税仓库、保税工厂，从而按照进料加工的有关规定，享受免征进口关税和增值税优惠。挂靠科研避税法的采用应满足三个条件：①获取高新技术企业的称号；②获取税务机关和海关的批文和认可；③努力掌握国家优惠政策项目，并使本企业进出口对象符合享受的条件。

4. 投资方式选择法

投资方式是指投资者以何种方式投资。一般包括现汇投资、有形资产投资、无形资产投资等方式。投资方式选择法是指纳税人利用税法的有关规定，通过对投资方式的选择，以达到减轻税收负担的目的。

投资方式选择法要根据所投资企业的具体情况来具体分析。以中外合资经营企业为例，投资者可以用货币方式投资，也可以用建筑物、厂房、机械设备或其他物件、工业产权、专有技术、场地使用权等作价投资。为了鼓励中外合资企业引进国外先进机械设备，我国税法规定，按照合同规定，作为外国合营者出资的机械设备、零部件和其他物料，或者经审查批准，合营企业以增加资本形式，增加国内不能保证供应的、新进口的机械设备、零部件和其他物料，可免征关税和进口环节的增值税。无形资产虽不具有实物形态，但能给企业带来经济效益，甚至可创造出成倍或更多的超额利润。无形资产是指企业长期使用而没有实物形态的资产，包括专利权、非专利技术、商标权、著作权、土地使用权、商誉等。投资者利用无形资产也可以达到避税的目的。

例：假设投资者欲投资办一个中外合资经营企业，该企业为生产高科技产品的企业，需要从合资外方购进一项专利权，金额为100万美元；如果以该合资企业名义向外方购买这项专利权，该外商应按转让该项专利权的所得缴纳预提所得税20万美元，其计算公式为：100万美元×20% = 20万美元。如果改为外商以该项专利权作为投资入股100万美元，则可免缴20万美元的预提所得税。

那么以货币方式进行投资能否达到避税的效果呢？以中外合资企业为例，中外合资经营者在投资总额内或以追加投入的资本，引进进口机械设备、零部件等可免征关税和进口环节的增值税。这就是说合资中外双方均以货币方式投资，用其投资总额内的资本或追加投入的资本进口机械设备、零部件等，同样可以享受免征关税和进口环节增值税的照顾，达到避税的效果。

由此可知，只要合理利用有关法规，无论采用何种方式投资入股，均可达到避税的效果。但在具体运用时，还应根据投资的不同情况，综合分析比较，以选择最佳方案。

案例： 假设有一个中外合资经营项目，合同要求中方提供厂房、办公楼房以及土地使用权等，而中方又无现成办公楼可以提供，这时中方企业面临两种选择：一种是由中方企业投资建造办公楼房，再提供给合资企业使用，其结果是，中方企业除建造办公楼房投资外，还应按规定缴纳固定资产投资方向调节税。二是由中方企业把相当于建造楼房的资金投入该合资经营企业，再以合资企业名义建造办公楼房，就可免缴固定资产投资方向调节税。

5. 综合利用避税法

综合利用避税法即企业通过综合利用"三废"开发产品从而享受减免税待遇。综合利用减免税的范围：一是企业在产品设计规定之外，利用废弃资源回收的各种产品；二是废渣的综合利用，利用工矿企业采矿废石、选矿尾矿、碎屑、粉尘、粉末、污泥和各种废渣生产的产品；三是废液的利用，利用工矿企业生产排放的废水、废酸液、废碱液、废油和其他废液生产的产品；四是废气的综合利用，利用工矿企业加工过程中排放的烟气、转炉或铁合金炉回收的可燃气、焦炉气、高炉放散气等生产的产品；五是利用矿冶企业余热、余压和低热值燃料生产的热力和动力；六是利用盐田水域或电厂热水发展养殖所生产的产品；七是利用林木采伐，造林截头和加工剩余物生产的产品。

企业采用综合利用避税法，应具备两个前提：一是自己的产品属于减免税范围，并且得到有关方面认可；二是避税成本不是太大。否则，如果一个企业本不是综合利用型企业，仅仅为了获得减免税好处而不惜改变生产形式和生产内容，可能会导致更大的损失。

（四）成本费用避税法

成本费用避税法是通过对企业成本费用项目的组合与核算，使其达到一个最佳值，以实现少纳税或不纳税的避税方法。采用成本费用避税法的前提，是在政府税法、财务会计制度及财务规定的范围内，运用成本费用值的最佳组合来实现最大限度地抵销利润，扩大成本计算。可见，在合法范围内运用一些技巧，是成本费用避税法的基本特征。具体包括以下两种：

1. 折旧计算避税法

折旧是固定资产在使用过程中，通过逐渐损耗（包括有形损耗和无形损耗）而转移到产品成本或商品流通费中的那部分价值。折旧的核算是一个成本分摊的过程，即将固定资产取得成本按合理而系统的方式，在它的估计有效使用期间内进行摊配。这不仅是为了收回投资，使企业在将来有能力重置固定资产，还是为了把资产的成本分配到各个受益期，实现期间收入与费用的正确配比。

最常用的折旧方法有年限平均法、工作量法、双倍余额递减法和年数总和法。

年限平均法又叫直线法，它是以固定资产的预计使用年限为分摊标准，将固定资产的应计提折旧额等额地分摊到各使用年度的一种折旧方法。其计算公式为：

固定资产年折旧率＝（1-预计残值率）÷预计使用寿命（年）×100%

固定资产年折旧额＝固定资产原价×年折旧率

工作量法是以固定资产预计可完成的工作总量为分摊标准，根据各期固定资产的实际工作量计算每期应计提折旧额的一种方法。其计算公式为：

单位工作量折旧额＝（固定资产原始价值-预计残值+预计清理费用）÷预计总工作量

固定资产年折旧额＝当年产量×单位工作量折旧额

双倍余额递减法是在不考虑固定资产预计净残值的情况下，根据每期期初固定资产账面余额和双倍直线折旧率计算固定资产折旧的一种方法。其计算公式为：

固定资产年折旧率＝（1÷预计使用寿命）×2×100%

固定资产年折旧额＝每年初固定资产余额×年折旧率

年数总和法又称合计年限法，是指以固定资产的原值减去其预计净残值后的余额为基数，乘以一个以固定资产尚可使用寿命为分子、以预计使用寿命逐年数字之和为分母的逐年递减的分数来计提各期折旧的一种方法。其计算公式为：

固定资产年折旧率＝固定资产尚可使用年限÷预计使用寿命的年限之和×100%

固定资产年折旧额＝（原始价值-预计净残值）×年折旧率

从各个具体年份来看，由于采用加速折旧方法（双倍余额递减法和年数总和法），使应计提的折旧额在固定资产使用前期摊提较多而后期摊提较少，必然使企业前期净利相对较少而后期相对较多，因而对纳税企业会产生不同的税收影响。企业可以对其进行比较和分析，从中选择出最好的折旧方法，达到最佳的税收效益。

2. 费用分摊避税法

企业生产经营过程中发生的各项费用要按一定的方法摊入成本。费用分摊就是指企业在保证费用必要支出的前提下，想方设法从账目找到平衡，使费用摊入成本时尽可能地最大摊入，从而实现最大限度的避税。常用的费用分摊法一般包括实际费用分摊、平均摊销和不规则摊销等。只要仔细分析一下折旧计算法，我们就可总结出普遍的规律：无论采用哪一种分摊方式，只要让费用尽早地摊入成本，使早期摊入成本的费用越大，那么就越能够最大限度地达到避税的目的。至于哪一种分摊方法最能够帮助企业实现最大限度的避税，需要根据预期费用发生的时间及数额进行计算、分析和比较后确定。通常所用的费用分摊方法主要有三种。

（1）平均费用分摊法，即把一定时间内发生的费用平均摊到每个产品的成本中。它使费用的发生比较稳定、平均。平均费用分摊法是抵销利润、减轻纳税的最佳选择，只需生产经营者不是短期经营而是长期从事某一种经营活动，那么将一段时期内（如1年）发生的各项费用进行最大限度的平均，就可以将这段时期获得的利润进行最大限度的平均，这样就不会出现某个阶段利润额及纳税额过高的现象。

（2）实际费用摊销法，即根据实际发生的费用进行摊销，多则多摊，少则少摊，没有就不摊，任其自然，这样就可以达到避税的目的。

（3）不规则摊销法，即根据经营者需要进行费用摊销，可能将一笔费用集中摊入某一产品成本中，也可能在另一批产品中一分钱费用也不摊。这种方法最为灵活。企业如果运用得好，可以达到事半功倍的效果。特别是当企业的经营不太稳定，造成利润每月差别很大时，该方法可以起到平衡的作用，利润高时多摊，利润低时少摊，从而有效地进行避税。

第三章　人力资源管理

第一节　人力资源管理的定义及发展趋势

我们经常在电视上看到或在现实生活中听到 HR 这个词，其实 HR 就是 Human Resource，即人力资源的简称。那什么是人力资源呢？它就是指在一定时期内组织中的人所拥有的、能够被企业所用的、对企业创造价值起贡献作用的教育、能力、技能、经验、体力等的总称。总结来说人力资源就是指人身上可开发的、对企业发展有利的资源。把具备这些特点的人招募到公司中，就必然需要一个甚至多个管理者来管理这些资源，即对人力资源的管理。

一、人力资源管理的定义

管理，对其最通俗的解释就是督促人把事做好。所以人力资源管理就是管理者对企业内部员工进行管理，同时结合企业发展的战略要求，有计划地对人力资源进行合理配置的过程。

人力资源管理是随着现代企业制度的产生而产生的，并且随着社会和企业的发展，人力资源管理已渐成体系。当前的人力资源管理不仅包括对企业中员工的招聘、培训、使用、考核、激励、调整等一系列过程，同时还包括对人的思想、心理和行为进行恰当的诱导、控制和协调，进而调动员工的积极性，不断地为企业创造价值、带来经济效益，最终确保企业战略目标的实现。因此人力资源管理表面上是对人的管理，但本质上却是为企业的现代化发展服务的。

二、人力资源管理的重要发展趋势

20 世纪 80 年代以来，人力资源管理理论不断成熟。在之后的几十年间，全球的社会经济环境发生了巨大的变化，特别是以计算机技术和现代通信技术为代表的信息科技正在改变我们生活、工作的方方面面。企业赖以生存的外部环境和竞争方式也在进行着深入的变革，所以企业的各种管理职能只有适应潮流、改变自身才能应对不断改变着的世界。那么，人力资源管理将以怎样的趋势发展呢？

1. 人力资源管理进入战略管理阶段

随着企业间竞争方式的不断变革，人才竞争逐渐成为企业间竞争的核心。这使得企业的人力资源管理面临着前所未有的挑战。如何使人力资源发展战略与企业发展战略更好地配合，使人力资源更好地服务于企业的整体战略，是人力资源管理者必须思考的问题。

2. 人才本土化

随着经济全球化的发展，跨国公司迅速崛起，同时该类公司对技术人才和管理人才的需求也大幅度增加，因此出现了雇佣本国人才还是本土人才的问题。由于本土人才的雇佣费用往往不到本国管理人员成本的一半，并且本土人才同样具有良好的技术，所以出于战略成本的考虑，越来越多的跨国公司倾向于实施人才本土化战略。

3. 人力资源管理边界呈现出日益模糊状态

随着信息技术的广泛应用，人们的生活、工作和思维方式都发生了改变，同时人力资源管理职能的工作方式也发生了改变。随着业务外包、战略联盟、虚拟企业等各种形式的网络企业的出现，人力资源管理边界日益模糊，它已跨越组织边界，不再仅仅局限于企业内部的管理事务，而是面向更为广阔的管理空间。

4. 人力资源管理的职业化和专业化进一步加强

人力资源管理者将是具备人力资源专业知识和经营管理知识的通才，人力资源的经理职位也将成为通向人力资源总监的重要渠道。因此，未来的人力资源管理者必须了解企业的财务知识、经营理念、核心技术等基本情况，才能享有担任本职位的权力。

5. 培训进一步深化

培训是企业所有投资中风险最小、收益最大的战略性投资。从企业的角度看，培训是企业储备和提升人才队伍素质的过程，企业能通过员工技能的提高而得到发展，也能留住优秀的人才。从员工角度看，培训是继续学习的过程，是为了提高自身价值而进行的投资，员工能通过企业的发展和自身努力获得收益。

6. 管理制度的趋向——以人为本

管理的目的是通过有效的激励手段使员工完成各项任务，从而使组织目标得以实现。大部分企业制定的管理制度都是对员工的约束，忽略了对员工的激励与引导。这些企业管理者信奉"人性本恶"的假设，认为员工工作的目的是获取报酬，工作过程中只有受到监督、约束、要求才能完成自己的工作。这种假设片面地强调了制度的监督与约束作用，忽略了人性需求的复杂性、多样性，抑制了人性发展中积极的因素。随着企业人才竞争的不断加剧，大部分企业意识到为员工创造宽松、方便的办公环境是企业的责任，只有在宽松和谐的环境中工作，员工才能够创造更大的价值。

第二节　员工招募与配置

吸引、选择、保留高素质的人力资源是企业赖以生存和发展的基础，寻觅到合适的员工并吸纳到企业中来，是企业不懈的追求目标。而企业对人力资源的获取，则需要通过员工的招聘、选择和录用程序来实现。那么对员工进行招聘，都需要哪些程序呢？

一、职位分析

职位分析是员工招聘的第一个环节，也是人力资源管理的基石之一，更是开展人力资源工作的基础。

1. 职位分析的基础知识

职位分析就是对组织中某个特定工作职务的目的、任务、职责、权利、隶属关系、工作条件、任职资格等相关信息进行收集与分析，以便对工作做出明确的规定，并确定完成该工作所需要的行为、条件、人员的过程。

它的成果主要包括职位说明书和职位分析报告。

职位说明书，也称职务说明书，是对企业岗位的任职条件、岗位目的、指挥关系、沟通关系、职责范围、负责程度和考核评价内容给予的定义性说明。职位说明书主要包括两个部分：一是职位描述，主要对职位的工作内容进行概括，包括职位设置的目的、基本职责、组织图、业绩标准、工作权限等内容；二是职位的任职资格要求，主要对任职人员的标准和规范进行概括，包括该职位的行为标准，胜任职位所需的知识、技能、能职位说明书力、个性特征及对人员的培训需求等内容。

职位分析报告是对职位分析过程中所发现的组织与管理上的问题和矛盾的阐述，以及为这些矛盾和问题提供的解决方案。具体包括：组织结构与职位设置中的问题与解决方案、流程设计与流程运行中的问题与解决方案、组织权责体系中的问题与解决方案、工作方式和方法中的问题与解决方案、人力资源管理中的问题与解决方案。

2. 收集职位分析信息的方法

职位分析信息的方法有很多，主要有以下几种：

（1）工作实践法。该方法又称参与法，是指分析者参与某一职位或从事所研究岗位的工作，从而收集信息的方法。这种方法可以准确了解工作的实际任务和对体力、环境、社会方面的要求，获得的数据资料更真实可靠，适合那些短期内可以掌握的工作，不适用于对操作技术难度、工作频率、质量要求高及有危险性的职务。

（2）观察法。该方法是指有关人员直接到现场，通过亲自对一个或多个工作人员的操作进行观察，来获得工作信息的过程。如保洁员的工作基本上是以一天为一个周期，职位分析人员可以一整天跟随着保洁员进行直接工作观察。这种方法所用时间短，得到的信息比较直接，但是要求观察者有足够的实际操作经验，不适用于循环周期长、脑力劳动的工作，偶然、突发性的工作也不易观察。

（3）访谈法。该方法是通过个别谈话或者小组访谈的形式来获取工作信息，适合工作复杂、无法直接观察和亲身实践的工作，能够直接迅速地收集大量工作分析资料。但在此过程中，员工容易夸大承担的责任和工作难度，导致工作分析资料不能完全反映真实情况。

（4）问卷调查法。它是以书面形式收集工作信息的方法，其效果取决于问卷的结构化程度。一份问卷最好有结构化问题，也有开放式问题。这种方法费用低、速度快、调查范围广，但是问卷设计复杂，在调查时还需要调查人员解释说明，否则被调查者可能会扭曲信息，造成较多的人力成本和时间成本的浪费。

（5）关键事件法。分析人员将工作过程中的"关键事件"加以详细记录，在收集大量信息后，对岗位特征和要求进行分析。该方法为向下属解释绩效评价结果提供了确切的事实证据，但缺点是调查费时、过程较长，只有在关键事件达到一定数量后才能满足要求。

3. 编写职位描述

职位描述又称职位界定，是经过职位分析后得到的关于某一特定职位的职责和工作内容进行的一种书面记录，其成果是工作说明书，见表3-1。

表3-1   工作说明书简表

职位名称	招聘专员	所属部门	人力资源部	岗位编码	00000
职位描述：（按重要程度一次排列）			任职要求：（按重要程度一次排列）		
1. 负责某地区的人员招聘			1. 两年以上经验		
			2. 本科以上学历，人力相关专业		
工作条件	良好	工作程序	各部门招聘计划—本部门制订计划—招聘		

二、人员规划与招募

人员规划就是确定哪些工作岗位需要填充及如何填充的过程。企业在进行人员规划之后，就开始对内部候选人和外部候选人进行招募。企业在员工招募前必须明确以下问题：确实需要招人吗？确实需要招固定职位的人吗？什么时候需要新人？有什么要求？同时在招募过程中必须公平、公正、公开，在对应聘者全面考察的基础上，择优录取。

1. 招募的程序

（1）制订招募计划。制订人员招募计划时应该完成以下任务：明确人力资源需求，即目前公司各岗位人数、各岗位需招募人数、招募人才的质量等；要对时间、成本和人员进行估算，即组织一次招募大概要花费多少成本；进行内、外部的信息分析，包括环境、市场情况等；挑选和培训招募人员；确定招募的范围和渠道，即在全国还是本市招募、是通过网上招募还是校园招聘等问题。

（2）招募计划的实施。招募计划的实施包括以下几个步骤：发布招募消息、应征者受理、初步筛选、初步面试。

（3）评价和控制。在招募工作进行中如果发现问题应随时修改实施方案。

招募流程见图3-1。

企业创立与经营综合仿真实训教程

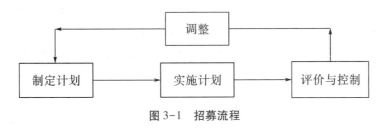

图 3-1 招募流程

2. 甄选的步骤

甄选作为企业获得优秀人才的重要途径，是获得人力资本的关键步骤，对整个企业人力资源建设和管理起着至关重要的作用。甄选的步骤主要包括八步。

（1）初步筛选：剔除求职材料不实者和明显不合格者。

（2）初步面试：根据经验和岗位要求剔除明显不合格者。

（3）心理和能力测试：根据测试结果剔除心理健康程度和能力明显不合格者。

（4）诊断性面试：是整个甄选的关键，为最后决策提出决定性的参考意见。

（5）背景材料的收集和核对：根据核对结果剔除资料不真实或品行不良者。

（6）能岗匹配分析：根据具体岗位需求剔除明显不匹配者。

（7）体检：剔除身体状态不符合岗位要求者。

（8）决策和录用：根据招聘职位的高低而在不同的决策层中进行决策，决策之后就交给相关部门做录用处理。

3. 人员规划和预测

人员规划是一个预测和分析的过程，是指根据组织的发展战略与目标的要求，科学地预测、分析组织在变化的环境中的人员的供给和需求状况，制定必要的政策和措施，以确保组织在需要的时间和需要的岗位上获得各种需要的人力资源，并使组织和个人得到长期的利益。具体内容见图 3-2。

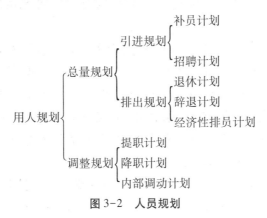

图 3-2 人员规划

企业怎样进行合理的人力资源规划？进行人力资源规划时要注意什么问题？这是大多数企业面临的难题。下面就这些问题分别讲述。

企业进行人力资源规划时一般要经过以下几步：

（1）信息的收集、整理。收集和整理的内容包括企业自身整体状况及发展规划、人力资源管理的外部环境、企业现有人力资源状况等。

（2）决定规划期限。根据收集企业经营管理状况和外部市场环境的信息分析，确定人力资源规划期限（表3-2）。

表3-2　　　　　　　　　　　　　　人力资源规划期限

短期规划　　不确定/不稳定	长期规划　　　确定/稳定
组织面对诸多竞争者	组织居于强有力的市场竞争地位
飞速变化的社会、经济环境	渐进的社会、经济环境
不稳定的产品/劳动需求	稳定的产品/劳动需求
政治法律环境经常变化	政治法律环境较稳定
管理信息系统不完善	完善的管理信息系统
组织规模小	组织规模大
管理混乱	规范化、科学化的管理

（3）根据企业整体发展规划，运用各种科学方法，制定出人力资源管理的总体规划和各项目的计划。

（4）对其过程及结果必须进行监控。评估过程要重视信息反馈，不断调整企业人力资源的整体规划和各项计划，使其更切合实际，更好地促进企业目标的实现。

4. 招募渠道

招聘渠道是组织招聘行为的辅助之一。一个好的招聘渠道应该具备以下特征：招聘渠道具有目的性，即招聘渠道的选择是否能够达到招聘的要求；招聘渠道的经济性，即在招聘到合适人员情况下所花费的成本最小；招聘渠道的可行性，即选择的招聘渠道符合现实情况，具有可操作性。招募的渠道主要有两种，外部招聘和内部招聘。

（1）外部招聘，顾名思义，是从公司以外的人才中进行选拔，包括人才交流中心的人才招聘会、媒体广告、网上招聘、校园招聘、猎头公司等。外部招聘的招聘范围广，有机会招聘到一流人才，还能避免近亲繁殖，给组织注入新鲜血液，同时还能避免内部人员因嫉妒引起的不快情绪和不团结，但是它又影响内部人员士气，而且由于对外部人员不够了解，可能招聘到不合格员工。企业应权衡利弊，选择对企业最有利的方式进行招聘。

（2）内部招聘，是将招聘信息公布给公司内部员工，员工自己来参加应聘。许多组织都赞成从内部选拔提升人员，因为他们认为，内部提升有许多优点，有利于组织目标的实现。这些优点主要有：①组织中人员有比较充实和可靠的资料供分析比较，候选人的长处和弱点都看得比较清楚，因此，一般来说，人选比较准确。②被提升的组织内成员对组织的历史、现状、目标以及现存的问题比较了解，能较快地胜任工作。③可激励组织成员的上进心，努力充实和提高其本身的知识和技能。④使组织成员感到有提升的可能，工作有变换的机会，从而提高员工的兴趣和士气，使其有一个良好的工作情绪。⑤可使组织对其成员的培训投资获得比当初投资更多的培训投资效益。

尽管"内升制"有许多优点，但它也存在一些不可忽视的缺点：①当组织存在较多的主管空缺职位时，组织内部的主管人才储备或者是在量上不能满足需要，或者是在质上不符合职务要求时，如果仍坚持从内部提升，就将会使组织既失去得到一流人才的机会，又使不称职的人占据主管职位，这对组织活动的正常进行以及组织的发展是极为不利的。②容易造成"近亲繁殖"。由于组织成员习惯了组织内的一些既定的做法，不易带来新的观念，而不断创新则是组织生存与发展不可缺少的因素。③因为提升的人员数量毕竟有限，若有些人条件大体相当，但有的被提升，而有的仍在原来的岗位，这样，没有被提升的人的积极性将会受到一定程度的挫伤。

案例：本田妙用"鲶鱼效应"

如何才能使自己的企业充满活力，永葆青春呢？日本本田公司总经理本田先生陷入了沉思。上次自己对欧美企业进行考察，发现许多企业的人员基本上由三种类型组成：一是不可缺少的干才，约占两成；二是以公司为家的勤劳人才，约占六成；三是终日东游西荡，拖企业后腿的蠢材，约占两成。而自己公司的人员中，缺乏进取心和敬业精神的人员也许还要多些。那么如何使前两种人增多，使员工更具有敬业精神，减少第三种人呢？如果对第三种类型的人员实行完全的淘汰，一方面会受到工会方面的压力；另一方面，又会使企业蒙受损失。其实，这些人也能完成工作，只是离公司的要求和发展目标远一些，如果全部淘汰，这显然行不通。

于是他找来了自己的得力助手——副总裁宫泽。宫泽先生认为，企业的活力根本上取决于企业全体员工的进取心和敬业精神，取决于全体员工的活力，特别是企业各级管理人员的活力。公司必须想办法使各级管理人员充满活力，即让他们有敬业精神和进取心。

宫泽给本田讲了一个挪威人捕沙丁鱼的故事，引起了本田极大的兴趣。故事讲的是：挪威渔民出海捕沙丁鱼，如果抵港时鱼仍活着，卖价要比死鱼高出许多倍。因此，渔民们千方百计地让鱼活着返港，但都失败了。有一艘渔船却总能带着活鱼回到港内，因此船主收入丰厚，但原因一直未明，直到这艘船的船长死后，人们才揭开了这个谜。原来这艘船捕了沙丁鱼，在返港之前，每次都要在鱼槽里放一条大鲶鱼，放鲶鱼有什么用呢？原来鲶鱼进入鱼槽后由于环境陌生，自然向四处游动，到处挑起摩擦，而大量沙丁鱼发现多了一个"异己分子"，自然也会紧张起来，加速游动。这样一来，就一条条活蹦乱跳地回到了渔港。本田听完了宫泽的故事，豁然开朗，连声称赞这是个好办法。

宫泽说道："其实人也一样，一个公司如果人员长期固定不变，就会缺乏新鲜感和活力，容易养成惰性，缺乏竞争力。只有存在压力、竞争气氛，员工才会有紧迫感，才能激发进取心，企业才有活力。"这时本田接着说："那我们就找一些外来的'鲶鱼'加入公司的员工队伍，制造一种紧张气氛，发挥鲶鱼效应。"

于是，本田先生决定进行人事方面的改革。特别是销售部经理的观念与公司的精神相距太远，而且销售部经理的守旧思想已经严重影响了他的下属，因此必须找一条"鲶鱼"来尽早打破销售部只会维持现状的沉闷气氛，否则公司的发展将会受到严重影响。经过周密的计划和努力，本田终于把松和公司销售部副经理、年仅35岁的武太郎挖了过来。武太郎接任本田公司销售部经理后，凭着自己丰富的市场营销经验和过人的学识，以及惊人的毅力和工作热情，受到了销售部全体员工的好评，员工的工作热情被极大地调动起来，活力大为增强。公司的销售出现了转机，月销售额直线上升，公司在欧美及欧洲市场的知名度不断提高。本田先生对武太郎上任以来的工作非常满意，这不仅在于他的工作表现，而且销售部作为企业的龙头部门带动了其他部门经理人员的工作热情和活力。本田深为自己有效地利用"鲶鱼效应"的作用而得意。

从此，本田公司每年都会从外部"中途聘用"一些精干利索、思维敏捷的30岁左右的生力军，有时甚至聘请常务董事一级的"大鲶鱼"，这样一来，公司上下的"沙丁鱼"都有了触电式的感觉。

把忧患意识注入竞争机制之中，使组织保持恒久的活力，这是日本本田公司取得成功的关键。本田先生营造了一种充满忧患意识的竞争环境，激发起每一个人的进取心、荣誉感，调动了员工的工作热情，使得本田公司又重新充满了活力。本田先生的高明之处在于巧妙地运用了"鲶鱼效应"，牵一发而动全身，在公司上下形成了百舸争流、万马奔腾的局面，达到了"不待扬鞭自奋蹄"的理想效果。

第三节　员工测试与甄选

人力是企业最珍贵的资产，组织在决定人力需求时，应对所需员工进行最有效的测试和甄选。所谓测试与甄选，是指企业机构为了寻找符合待补所需条件的人员，吸引他们前来应征，并从中挑选出适合的人员，且加以任用的过程。有效的员工测试与甄选，必须是符合工作要求的员工，而且能满足组织当前与未来持续发展的需要。

一、各种类型的测试

人员素质测评的类型按不同的标准可划分为不同的种类。具体划分标准见图3-3。

$$
人员素质测评 \begin{cases} \left.\begin{array}{l} 自我测评 \\ 他人测评 \\ 上级测评 \\ 同级测评 \\ 下级测评 \end{array}\right\} 按测评主体划分 \\ \left.\begin{array}{l} 个人测评 \\ 团体测评 \end{array}\right\} 按测评范围划分 \\ \left.\begin{array}{l} 日常测评 \\ 期中测评 \\ 期末测评 \end{array}\right\} 按测评时间划分 \\ \left.\begin{array}{l} 定性测评 \\ 定量测评 \end{array}\right\} 按测评时间划分 \\ \left.\begin{array}{l} 分数测评 \\ 等级测评 \\ 评语测评 \end{array}\right\} 按测评结果划分 \end{cases}
$$

图 3-3 人员素质测评分类

本节主要讲述按人员素质的性质划分的测试。它是一种常用的分类方法，与人员素质结构有关，具体有以下三种测评类型。

1. 生理素质测评

这主要是指对体质、体力及精力的测评，多数以借用医学仪器设备测量为主。但有些生理素质（如心理健康状况）测评，也可以运用观察、自评、笔试等方式来完成。

2. 心理素质测评

这是对个体心理特征及其倾向性的测评，按人员素质结构又可细分为能力测评和人格测评。其中，能力测评包括一般智力测评、职业能力测评和创造能力测评。

3. 知识素质测评

知识素质测评是对人员已掌握知识的测评，包括测评对知识掌握的深度、广度和灵活运用的程度。在实际工作中，要想初步、大体地了解员工的知识素质，可以通过查阅学籍档案或面试的方式；若要深入地了解员工的知识素质，则可以运用笔试或实际操作等方式。

二、工作样本与工作模拟

1. 工作样本

工作样本是指具有明确目的操作性的活动，活动的内容可模拟一个或一群真实工作里所用到的工具、材料以及作业步骤。其目的是要评估个案的职业性向、工人特质、工作习惯与行为、学习模式、了解指令（口头或书面）的能力与职业兴趣。工作样本的种类可分为：单一特质（只评量一种工作特质，如手指灵巧度）和多重性质（测量一群工作特质，如力量、耐力、关节活动度、速度与灵巧度等）。手功能测验是最常见的单一特质的工作样本，它借着小零件或小工具的操作来评量手指灵巧度和手眼协调度。

工作样本的优点有如下几项：第一，由于其内容和真实工作相近，因此能提高个案的受测动机；第二，因为是实际操作，所以更了解本身的技能与兴趣；第三，评估者能观察到员工的实际工作行为；第四，许多项目能同时被检测，如工作技巧、兴趣、体能和工作行为；第五，真正的兴趣和兴趣测验的分数可通过实际操作得到验证。

当然，工作样本方法的缺点也有很多，比如：①评估过程较为耗时；②可能会遭遇工作样本有内容过时的问题，不符合目前的工作现状；③只看工作样本的结果，较难有效预估员工日后在正式工作中的表现，因为真实的工作是每天发生的；④工作环境和工作样本的环境有极大的不同。

2. 工作模拟

工作模拟是典型的侧重于衡量学习结果的测试技术。该方法针对具体培训内容，在现实任务背景下，有技巧性地转换为模拟工作场景，并要求受训学员通过问题的解决展示其培训收获。

三、背景调查和其他甄选方法

1. 背景调查

背景调查是指通过从外部求职者提供的证明或以前工作单位那里搜集资料，来核实求职者的个人资料的行为，是一种能直接证明求职者情况的有效方法。

背景调查可以证实求职者的教育和工作经历、个人品质、交往能力、工作能力等信息。背景调查的资料来源主要有：来自校方的推荐材料、有关原来工作情况的介绍材料、关于申请人财务状况的证明信、关于申请人所受法律强制方面的记录、来自推荐人的推荐材料等。

2. 其他甄选方法

现代人力资源管理中，招聘时所采用的甄选方法主要有三大类：笔试法、面试法和测评法。

（1）笔试法。笔试法的考核较全面，可对应聘者的多种知识进行测量。用时较少，效率较高，成绩评定也比较客观。但是笔试法无法考察应试者的工作态度、品德修行以及组织管理能力、口头表达能力和操作技能等。一般来说，专业知识考试和一般知识测试可采用笔试法。

（2）面试法。面试法是由一人或多人发起的搜集信息和评价求职者是否具备被雇佣资格而进行的一个对话过程。程序依次如下：确定面试成员、制定面试提纲、确定面试的时间、地点、制定面试评价表。

（3）测评法。它包括能力测评、人格测评、工作情景模拟测试等。能力测评是指身体能力测试、认知能力测试、言语理解和表达测验、数量关系测验、判断推理测验。人格测评是为了按照人的性格对人进行分类。掌握员工的个性，有利于良才使用，用其所长，避其所短。工作情景模拟测评是指把被测评者置于其未来可能任职的模拟工作情景中，对他的实际工作能力进行全面的观察、分析、判断和评价。

第四节　员工培训与开发

培训与开发两个词经常被混用，实际上两者是有差异的。员工培训是指企业有计划地实施有助于员工学习与工作相关能力的活动。这些能力包括知识、技能和对工作绩效起关键作用的行为。员工开发是指为员工未来发展而开展的正规教育、在职实践、人际互动以及个性和能力的测评活动。开发活动以未来为导向，要求员工学习与当前从事的工作不直接相关的内容。

一、分析培训需求并设计培训项目

企业在面临全球化、高质量的工作系统挑战中，对员工的培训显得越来越重要。有些企业的员工也体现出被培训的需求，此时企业就要做好培训需求分析，帮助企业和员工共同发展。

培训需求分析是由有关企业人员收集有关组织和个人的各种信息，找出实际工作绩效与绩效标准之间的差距，分析产生差距的原因，以确定是否需要培训、谁需要培训等。培训需求的原因主要有：法规、制度、基本技能欠缺、工作业绩差、新技术的应用、客户要求、高绩效标准等。在对培训需求分析之后，就要评估需求结果，比如是否需要培训、在哪些方面需要培训、谁接受培训、受训者要学到什么、培训的类型和次数等，然后根据分析结果设计培训方案。设计培训方案的过程如图 3-4 所示。

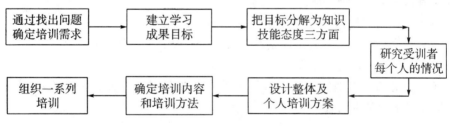

图 3-4　培训方案的设计过程

二、实施培训方案

（一）前期准备阶段

前期准备阶段主要分为两个步骤：培训需求分析和确立目标。

（1）培训需求分析。培训需求分析是企业培训的出发点，也是最重要的一步工作。如果需求分析不准确，就会让接下来的培训偏离轨道，做无用功，浪费企业的人力、物力和财力，却收不到应有的效果。培训需求分析是指了解员工需要参加何种培训的过程，这里的需要包括企业的需要和员工本人的需要。

（2）确立目标，是指确立培训目标。企业可以根据培训需求分析来确立目标，确立目标时应注意以下几点：①要和组织长远目标相吻合；②一次培训的目标不要太多；③目标应订得具体，可操作性强。

（二）培训实施阶段

培训实施阶段主要可以分为两个步骤：设计培训计划和实施培训。

1. 设计培训计划

培训计划可以是长期的计划，例如年度培训计划，但这里主要指一次具体的培训计划，其主要包括以下几个方面：①希望达到的结果；②学习的原则，例如脱产、不脱产等；③组织的制约，例如部门经理必须参加等；④受训者的特点，例如新进员工、大学刚毕业、年龄在 30 岁以下等；⑤具体的方法，包括时间、地点、培训教材、培训的方法（例如：讲授、个案讨论、角色扮演等）；⑥预算，要根据培训的种类、内容等各方面因素，每人每天的预算可从 100 至 5 000 元不等。

2. 实施培训

这是整个实施模型中的关键步骤。实施培训主要涉及以下几个方面：

（1）确定培训师。虽然企业培养一位合格的培训师成本很高，但培训师的好坏直接影响到培训的效果。所以此时企业要站在长远的角度考虑成本问题。

（2）确定教材。一般由培训师确定教材，教材来源主要有四种：公开出售的教材、企业内部的教材、培训公司开发的教材和培训师编写的教材。

（3）确定培训地点。培训地点的选择也会影响到培训的效果。培训地点一般有以下几种：企业内部的会议室、企业外部的会议室、宾馆内的会议室。要根据培训的内容来布置培训场所。

（4）备好培训设备。例如：电视机、投影仪、屏幕等。

（5）决定培训时间。要考虑是在白天，还是晚上，工作日还是周末，旺季还是淡季，何时开始，何时结束等。

（6）发通知。要确保每一个应该来的人都收到通知，使每一个人都知晓时间、地点与培训基本内容。

（三）评价培训阶段

主要可以分为五个步骤：确定标准、受训者测试、培训控制、针对标准评价培训结果和评价结果的转移。

（1）确定标准。原则有：①要以目标为基础；②要与培训计划相匹配；③要具体、要可操作。

（2）受训者测试。该测试是指让受训者在培训以前先进行一次相关的测试，以了解受训者原有的水平。

（3）培训控制。要注意以下几点：①要注意观察，要善于观察；②要与培训师进行沟通；③要抓住培训目标的大方向；④要与受训者及时交流，了解真实反映；⑤要运用适当的方式。

（4）针对标准评价培训结果。经常用的方法是请受训者在培训结束后填写一份培训评价表。培训评价表应该具有以下特点：①与培训目标紧密联系的；②以标准为基础的；③与受训者测试内容有关的；④培训结果、受训者得益等。

（5）评价结果的转移。这是最重要的步骤，也是许多培训项目易忽视的步骤。结果的转移是指把培训的效果转移到工作实践中去，即用工作效率提高多少等来评价培训效果。

三、培训效果评估

培训效果评估是对整个培训活动及其成果的评价和总结。评估的内容主要有：①对整个培训活动的评估，即从培训需求分析、方案设计，到培训活动的组织实施的整体效果的评估；②检验培训活动的成果，即经过培训，受训者获得的知识、技能和能力及其应用于工作的程度和效果。

培训效果的量化测定方法较多，其中运用较广泛的是下列公式：

$$TE = (E_2 - E_1) \times TS \times T - C$$

其中 TE = 培训效益；E_1 = 培训前每个受训者一年产生的效益；E_2 = 培训后每个受训者一年产生的效益；TS = 培训的人数；T = 培训效益可持续的年限；C = 培训成本。

第五节　绩效管理

所谓绩效管理，是指各级管理者和员工为了达到组织目标，共同参与的绩效计划制订、绩效辅导沟通、绩效考核评价、绩效结果应用、绩效目标提升的持续循环过程。它的目的是持续提升个人、部门和组织的绩效。员工绩效考核是公司人力资源管理的重要一环，它是对员工进行任用、晋升、调薪、奖惩、培训的客观依据。

案例：

位于上海市的光明公司是一家 IT 企业，公司的主要产品是管理软件。小王与小谢是光明公司的技术骨干，他们两个人以前是大学同学，后来又一起进入光明公司工作，技术水准一样。

小王和小谢分别负责不同的产品研发，小王负责 A 产品，小谢负责 B 产品。经过一年的艰苦努力，A、B 两个产品同时完成并推向市场，但市场的表现却完全不同，A 产品很快被市场所接受，为公司带来了很大的经济效益，而 B 产品却表现平平。

由于 A 产品带来了经济效益，年底公司决定为小王加工资；而小谢负责的产品表现不好，没有增加工资。公司的决定迅速在员工中流传开来，很快传到了小谢的耳朵里。于是，小谢找公司领导谈话，他认为自己受到了不公正的评价，因为 B 产品表现不好，不是产品本身的原因，而是 B 产品被市场接受需要一定的时间。而公司领导认为市场可以评价一切，没有接受小谢的意见。

很快，小谢离开了光明公司加入了竞争对手 Y 公司，依然负责与 B 产品类似的产品。半年后，市场开始接受该产品，Y 公司在该产品上取得了良好的经济效益。

一、绩效管理流程

绩效管理流程是一个完整的系统，它由绩效计划、绩效管理、绩效评估、绩效反馈、绩效改进五个环节构成。

各流程具体内容如下：

（1）制订考核计划。该计划中应明确考核的目的和对象、考核内容和方法以及确定考核时间。

（2）技术准备。绩效考核是一项技术性很强的工作，其技术准备主要包括确定考核标准、选择或设计考核方法以及培训考核人员。

（3）选拔考核人员。

（4）收集资料信息。收集资料信息要建立一套与考核指标体系有关的制度，并采取各种有效的方法来进行。

（5）做出分析评价。此评价中要确定单项的等级和分值，然后对同一项目的各考核来源的结果进行综合，最后对不同项目考核结果进行综合评价。

（6）考核结果反馈。将结果公开反馈给被考核者，允许提出异议和改进意见，或重新进行考核，或为下一次的考核办法的改进做铺垫。

绩效管理的具体流程如图 3-5 所示。

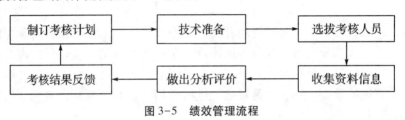

图 3-5　绩效管理流程

二、目标管理法[①]

引入案例：爱丽丝和猫的对话

"请你告诉我，我该走哪条路？"爱丽丝说。

"那要看你想去哪里？"猫说。

"去哪儿无所谓。"爱丽丝说。

"那么走哪条路也就无所谓了。"猫说。

——摘自刘易斯·卡罗尔的《爱丽丝漫游奇境记》

这个故事告诉我们，一个人，无论做什么事情，都要有一个目标。有目标，你才知道自己想要到哪里去，才能获得别人的帮助。如果一个人连自己想要去哪里都搞不清楚，那么再高明的人也无法给你指明出路。

天助先要自助，当一个人没有清晰的目标或方向的时候，别人说的建议再好也是别人的观点，不能转化为自己的有效行动。企业也是如此。企业要生存、要发展，首先要制定组织的目标，用组织的目标指导员工制定自己的个人目标，并

---

① 赵日磊. 从七个经典故事看目标管理［J］. 中国电力教育，2010（5）：70-72.

把个人目标和组织目标结合起来，然后在目标的指引下统一员工的思想和行动。如果没有目标或者目标不清晰，员工即便想努力，也会有无从下手的无力感。

目标管理源于美国管理专家德鲁克，他在1954年出版的《管理的实践》一书中，首先提出了目标管理和自我控制的主张，认为企业的目的和任务必须转化为目标。目标管理法的一般步骤为制定目标、实施目标、信息反馈处理、检查实施结果及奖惩（见图3-6）。其中制定目标这一步包括了制定目标的依据、对目标进行分类、符合SMART原则、目标须沟通一致等。

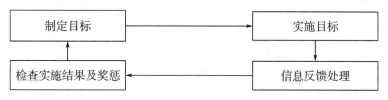

图3-6　目标管理法的步骤

案例：

一家大的快餐连锁店总部决定要对每个分店经理实行目标管理法，于是对各分店经理分别制定了目标，要比上一年销售额增加某个固定的值。

尽管每个分店经理同意了这个固定的目标，可是到了年底，这一方案却引起了许多分店经理的强烈不满和工作积极性的下降。原因在于这些经理们抱怨单一的衡量指标（增加销售额）并不是他们能直接凭努力就能达到的。会有很多外在的客观因素影响目标的达成，比如附近其他餐馆的状况、肉的价格、市场情况以及总部的广告水平等。单纯地追求销售量的增加的举措，只能导致这样的后果：有一些经理费了很大力气，却未达到目标，相反有些人未付出很大努力，却轻易地实现了这一目标。

为了解决这一问题，一位管理顾问建议应把销售额同其他与个人技术、知识、能力等相关的指标结合起来作为评估标准（比如人事管理方面、快餐店的卫生环境等）。这一案例说明了目标管理法尽管在理论上比较合情理，但在实施过程中会面临很多具体的操作问题。

三、关键绩效指标（KPI）考核法

关键绩效指标（Key Performance Indicator，KPI）是通过对组织内部流程的输入端、输出端的关键参数进行设置、取样、计算、分析，衡量流程绩效的一种目标式量化管理指标。KPI可以使部门主管明确部门的主要责任，并以此为基础，明确部门人员的业绩衡量指标。建立明确、切实可行的KPI体系，是做好绩效管理的关键。

KPI考核法符合一个重要的管理原理——"八二原理"。在一个企业的价值创造过程中，存在着"80/20"的规律，即20%的骨干人员创造企业80%的价值；而且在每一位员工身上"八二原理"同样适用，即80%的工作任务是由20%的关键行为完成的。因此，必须抓住20%的关键行为，对之进行分析和衡量，这样才能抓住业绩评价的重心。

图 3-7 为 KPI 指标体系的构建思想。

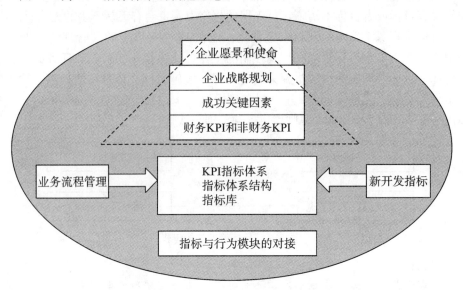

图 3-7　KPI 指标体系的构建思想

1. 建立评价指标体系

企业可按照从宏观到微观的顺序，依次建立起各级的指标体系。首先明确企业的战略目标，找出企业的业务重点，并确定这些关键业务领域的关键业绩指标（KPI），从而建立企业级 KPI。其次，各部门的主管需要依据企业级 KPI 建立部门级 KPI。最后，各部门的主管和部门的 KPI 人员一起再将 KPI 进一步分解为更细的 KPI。这些业绩衡量指标就是员工考核的要素和依据。

2. 设定评价标准

标准指的是在各个指标上分别应达到什么样的水平。指标解决的是我们需要评价"什么"的问题，标准解决的是要求被评价者做得"怎样"、完成"多少"的问题。

3. 审核关键绩效指标

对关键绩效指标进行审核的目的主要是确认这些关键绩效指标是否能够全面、客观地反映被评价对象的工作绩效以及是否适合于评价操作。

确定关键绩效指标有一个重要的 SMART 原则。SMART 是五个英文单词首字母的缩写：S 代表具体（Specific），指绩效考核要切中特定的工作指标，如销售业绩、完成任务量情况等；M 代表可度量（Measurable），指绩效指标是数量化或者行为化的，验证这些绩效指标的数据或者信息是可以获得的；A 代表可实现（Attainable），是指绩效指标在付出努力的情况下可以实现，避免设立过高或过低的目标；R 代表关联性（Relevant），指绩效指标是与上级目标具有明确的关联性，最终与公司目标相结合；T 代表时限（Time bound），注重完成绩效指标的特定期限。

四、360 度考核法

360 度考核法又称为全方位考核法，最早被英特尔公司提出并加以实施运用。

该方法是指通过员工自己、上司、同事、下属、顾客等不同主体来了解自己的工作绩效，通过评论知晓各方面的意见，清楚自己的长处和短处，从而达到提高自己的目的。设计出360度，是为了避免在考核中出现人为因素的影响。这种考核是背对背的，强调这只是一种方式，最终结果重在自己的提高。

360度考核法共分为被考核员工有联系的上级、同级、下级、服务的客户这四组，每组至少选择六个人。然后公司用外部的顾问公司来做分析、出报告交给被考核人。比如员工如果想知道别人对自己是怎么评价的，就可以提出来做一个360度考核。当然这种考核并不是每个员工都必须要做的，一般是工作时间较长的员工和骨干员工。考核的内容主要是与公司的价值观有关的各项内容。四组人员根据对被考核人的了解来看他符不符合价值观的相关内容，除了划圈外，再给出被考核人三项最强的方面。分析表是很细的，每一项同级、上级、下级会有不同的评价，通过这些专门顾问公司的分析，从而得到对被考核人的评价结果。被考核人如果发现在任一点上有的组比同级给的评价较低，他都可以找到这个组的几个人进行沟通，提出"希望帮助我"，大家敞开交换意见。这就起到帮助员工提高的效果。实施步骤如下：

1. 确定360度考核法的使用范围

只有确定了360度考核法的使用范围，才能将这有限的资源在已经确定的范围内发挥出最大的作用。如员工、经理等。

2. 设计考核问卷

设计考核问卷主要通过三个步骤完成。

（1）评价者提供5分等级或者7分等级的量表（称之为等级量表），由主评价者选择相应的分值。表3-3为教师对班级的态度打分的等级量表。

表3-3 班级态度等级量表

非常好	大部分时间很好	不好不坏	偶尔不好	很不好
5	4	3	2	1

（2）让评价者写出自己的评价意见（称之为开放式问题）。

（3）综合以上两种形式。

3. 确定由谁来实施评价

一般情况下，企业在采用360度考核法进行考核时，大都由多个评价者进行匿名评价。比如，通用公司在实施360度考核法时，将与被考核员工有联系的人分成

> **知识小贴士：**
> 这里给大家介绍一款好用的评估软件——Beisen360评估软件，希望对大家有所帮助。

四组，每组至少选择六个人。多名评价者参与对被考核者的评价，扩大了信息搜集的范围。

4. 利用好结果反馈

360度考核法最后能否改善被考核者的业绩，在很大程度上取决于评价结果的反馈。评价结果的反馈包括两方面：一方面，应该就评价的公正性、完整性和

准确性向评价者提供反馈，指出他们在评价过程中所犯的错误，以帮助他们提高评价技能；另一方面，应该向被考核者提供反馈，以帮助被考核者提高能力水平和业绩水平。

五、平衡计分卡绩效考核

平衡计分卡（Balance Score Card，BSC）的核心思想就是通过财务、客户、内部的经营过程、学习与成长四个指标之间相互驱动的因果关系，展现组织的战略轨迹，实现绩效考核—绩效改进以及战略实施—战略修正的目标。

平衡计分卡反映了财务与非财务衡量方法之间的平衡、长期目标与短期目标之间的平衡、外部和内部的平衡、结果和过程的平衡、管理业绩和经营业绩的平衡等多个方面的内容。所以，平衡计分卡能反映组织综合经营状况，使业绩评价趋于平衡和完善，有利于组织的长远发展。除此之外，它还有如下几个作用：

第一，为企业战略管理提供强有力的支持。平衡计分卡的评价内容与相关指标和企业战略目标紧密相连，企业战略的实施可以通过对平衡计分卡的全面管理来完成。

第二，通过平衡计分卡所提供的管理报告，将看似不相关的要素有机地结合在一起，可以大大节约企业管理者的时间，提高企业管理的整体效率，为企业未来的成功发展提供坚实的基础。

第三，平衡计分卡通过对企业各要素的组合，让管理者能同时考虑企业各职能部门在企业整体中的不同作用与功能，使他们认识到某一领域的工作改进可能是以其他领域的退步为代价换来的，促使企业管理部门进行决策时考虑从企业出发，慎重选择可行方案。

第四，平衡计分卡强调目标管理，鼓励下属创造性地（而非被动）完成目标，这一管理系统强调的是激励动力。

第五，平衡计分卡可以使企业管理者仅仅关注少数而又非常关键的相关指标，在保证满足企业管理需要的同时，尽量减少信息负担成本。

平衡计分卡实施流程见图3-8。

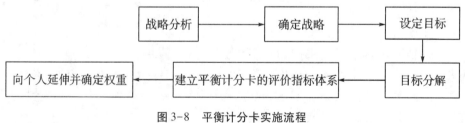

图3-8 平衡计分卡实施流程

各个流程的具体内容如下：

（1）战略分析。日益激烈的竞争抗衡以及与日俱增的客户期望使企业高层面临的关键问题是：如何在充满挑战的动态环境中立于不败之地。管理委员会需要全面分析所有的内外部因素，制定清晰的公司战略。

（2）形成并确定战略。高级管理层（项目组）应该基于以上的分析结果，确定公司的愿景、使命和战略。

（3）公司目标的设定。高级管理层制定公司的战略绩效目标，通常从四个角度展开：财务、客户、流程、学习和成长。项目组应该把公司战略和平衡计分卡用两组指标联系起来，即财务和非财务目标、领先绩效指标和滞后绩效指标。高级管理层在开发平衡计分卡时应运用战略图。战略图可以反映出高层对公司战略要素中因果关系的假设。项目组要制定具体的指标、目标值和行动方案，以实现关键目标。最后应该定出每个行动方案的任务，对每一项任务进行跟踪，确保落实和执行。

（4）目标分解。项目组负责把战略传达到整个组织，并把绩效目标逐层分解到下级单位，直至个人。在分解公司平衡计分卡的过程中，要注重构建组织内部的协调统一。如前所述，必须精心设计公司的结构、系统和流程，使它们相互之间协作有方，并适用于公司的战略。各分支或部门首先应该考虑公司的战略、目标、指标和目标值，然后把公司目标分解到分支或部门的平衡计分卡，并把内部客户的需求包括在内，以建立横向的联系。

（5）建立平衡计分卡的部门评价指标体系。评价指标体系的选择应该根据不同行业和企业的实际情况，按照企业的战略目标和远景来制定。

（6）将公司与部门平衡计分卡向个人延伸并确定权重。按照设计部门平衡计分卡同样的原理与程序设计个人的平衡计分卡。个人平衡计分卡包含三个不同层级的衡量信息，从而使得所有员工在日常工作中都能轻易看到这些战略目标、测评指标和行动计划。指标的权重是指该指标在本层指标中所占的相对其他指标的重要性程度，一般以 100% 为最高值，对本层指标内各项指标的重要性程度进行分配。确定权重的一个较为简便和合理的方法就是专家打分。专家的组成结构要合理，要有本企业的中高层管理人员、技术人员，也要有基层的技术和管理人员，还要有企业外的对本企业或本行业熟悉的专家，如行业协会的成员、大学或研究机构的成员等。同时，对不同企业的权重选择应根据不同行业、不同企业的特点进行打分。如高科技企业，由于其技术更新快，因而学习创新成长性指标所占的权重就较大；对大型企业而言如美国通用公司，运作流程的顺畅就显得很重要，因而该指标所占权重也相对较大；对银行等金融企业而言，财务指标事关重大，该指标的权重自然也较大。

当然，平衡计分卡也并不是那么完美，它也有很多缺点，比如：①没有明确的组织战略、高层管理者缺乏分解战略的能力和意愿、中高层管理者缺乏指标创新的能力和意愿等，这样的组织不适合使用平衡计分卡；②计分卡的工作量极大，除了对战略的深刻理解外，还需要消耗大量精力和时间把它分解到部门，并找出恰当的指标，而落实到最后，指标可能会多达 15~20 个，在考核与数据收集时，也是一个不小的负担；③对个人而言，往往要求绩效考核易于理解，易于操作，易于管理，而平衡计分卡并不具备这些特点。

总而言之，对于管理与考核的工具，首先，企业一定要慎用，盲目跟风是毫无意义的。其次要会用，要对工具有足够的认识和理解，而不是一知半解，浅尝辄止。最后要善用，在深刻理解工具内涵的基础上，能够与自身情况相结合，知道什么适用于自己，什么不适用，如何加以调整。

第六节 薪酬福利管理

薪酬是指员工因被雇佣而获得的各种形式的经济收入、有形服务和福利。它的实质是一种公平的交易或交换关系，是员工在向单位让渡其劳动或劳务使用权后获得的报偿。

一、决定薪酬水平的基本要素

根据货币支付的形式，可以把薪酬分为两大部分：一部分是以直接货币报酬的形式支付的工资，包括基本工资、奖金、绩效工资、激励工资、津贴、加班费、佣金、利润分红等；一部分则体现为间接货币报酬的形式，即间接地通过福利（如养老金、医疗保险）以及服务（带薪休假等）支付的薪酬。其实不同的公司薪酬的水平不同。决定薪酬水平的主要因素有：

（1）劳动力市场竞争状况。通常劳动力供大于求时，市场薪酬水平会趋于下降；劳动力供不应求时，市场薪酬水平会趋于上升。

（2）产品市场竞争状况。一般来说，如果产品市场对企业产品或服务的需求增加，则企业能够完成更多的产销量，并保持较高的销售价格，使得企业的支付实力增强，员工薪酬水平提高。如果产品市场萎缩，企业就难以提高价格，提高薪酬水平的能力同样也会受到限制。

（3）企业特征。企业特征中又细分为以下四个方面：①企业所处的地区：经济发达地区的薪酬水平要高于经济欠发达地区的薪酬水平；②企业所处的行业：资本密集型行业的薪酬水平要高于劳动密集型行业的薪酬水平；③企业的规模：大企业的员工薪酬水平比中小企业的要高；④企业的经营战略：如采用成本领先型战略，则其薪酬水平很可能受到严格的控制。

（4）经济与政策环境。其主要包括三个部分的影响：①物价水平：物价的提高一般带动薪酬水平的上涨；②工会的力量：如果工会组织力量够强大，员工的薪酬水平也能得到较高层次的实现；③政策法规的保障：如果国家出台比较完善的政策法规来保障劳动者权益，薪酬水平通常不会很低。

二、管理类职位和专业类职位的定价

职位不同，定价必然不同。下面我们来具体了解一下公司中管理类职位和专业类职位各自的定价的影响因素。

1. 管理类职位定价

管理人员，也称为经营者、经理人。它具体指执行日常管理的最高负责人及其主要助手，如：总经理、副总经理、总会计师、董事长秘书等，或与这些职务相当的主要负责人。影响管理类职位定价的因素主要包括：

（1）管理者个人因素。第一，管理者的人力资本投入。高层管理者想要胜任其位置，必然需要具备良好的文化知识素质、思想素质以及出色的经营管理能力和技巧，这些就是管理者长期投资形成的人力资本。第二，管理者的业绩。对企业来说就是高层管理者通过组织管理工作为企业带来的收益。第三，管理者承担的风险。其主要指企业经营风险，即由于管理者可控的或不可控的因素导致企业经营失败的可能性。一般来说，企业规模越大，经营环境越复杂、变动越快，管理者的风险就越大。为了保证企业家能够承担这些风险，激发其创新与冒险热情，就应该给予其一定的风险补偿。

（2）企业内部因素。第一，企业所处的行业及规模。企业处于竞争激烈、高风险性行业，高层管理者所承担的风险、责任就越大，其薪酬水平也较其他行业偏高。比如，金融行业高层管理者薪酬水平普遍高于制造业。第二，企业薪酬战略。它决定了企业的薪酬导向，高层管理者作为总体薪酬中的一部分也必然要符合企业薪酬战略的要求。第三，企业盈利状况。企业是营利性组织，企业家的薪酬对于所有者来说是企业的经营成本。因此，企业家的薪酬不应该超出企业支付能力的范围。

（3）企业外部因素。第一，企业高管薪酬的确定必须参考劳动力的市场价格，以保持企业高层管理者薪酬的竞争力，吸引到优秀的人才。第二，政府的法律法规。薪酬给付内容和数额大小要符合政府的法律法规。

2. 专业类职位的定价

专业类职位又具体细分为技能取向型职位和价值取向型职位，两种又分别对应着不同的薪酬定价。

（1）技能取向型薪酬。它是指根据专业技术人员的专业技术职务设计薪酬，而专业技术人员的专业技术职务提升与其专业技能成长密切相关。

（2）价值取向型薪酬激励。它是指企业将体现专业技术人员的技能和业绩因素价值化。员工按其所拥有的技能和业绩因素的多少或者等级确定其组合薪酬待遇。这是目前很多企业特别是专业技术人员薪资体制改革中采用较多的一种薪资体系。

表 3-4 为专业技术职务与管理职务等级对应表。

表 3-4　　　　　　　　专业技术职务与管理职务等级对应表

职等	管理职位	学历	薪资标准	系数	技术职务	学历	薪资标准	系数
一	总裁							
二	副总裁				资深专家			
三	总监				高级专家			
四	副总监				专家			
五	经理				主任工程师			
六	副经理				高级工程师			
七	主管				工程师			
八	副主管				一级专业助理			
九	主办				二级专业助理			

表3-4（续）

职等	管理职位	学历	薪资标准	系数	技术职务	学历	薪资标准	系数
十	副主办				三级专业助理			
十一	一级助理				四级专业助理			
十二	二级助理				五级专业助理			
十三	三级助理							
十四	四级助理							
十五	五级助理							

三、胜任素质薪酬

胜任素质又称能力素质，是从组织战略发展的需要出发，以强化竞争力，提高实际业绩为目标的一种独特的人力资源管理的思维方式、工作方法、操作流程。胜任素质模型包括三个层级：全员核心胜任力、通用胜任力和专业胜任力。其中全员核心胜任力包括企业价值观和企业战略；通用胜任力包括基本管理知识、基本质量知识和基本安全知识；专业胜任能力包括专业理论知识和专业操作技能。

图3-9为胜任力的冰山模型。所谓"冰山模型"，就是将人员个人素质的不同表现方式划分为"冰山以上的部分"和深藏在"冰山以下的部分。"

图3-9 素质体系的冰山模型

由图3-9可知，胜任素质构成要素包括两个部分：表象部分和潜能部分。表象部分包括技能、知识；潜能部分包括社会角色、自我认知、个性、动机。潜能部分是最复杂、最难测量的，并且难以评价和培养。其中，动机是推动个体为达到目标而采取行动的内驱力；个性是个体对外部环境及各种信息等的反应方式、倾向与特性；自我认知是指个体对其自身的看法与评价；社会角色是个体在公共场合所表现出来的形象、气质和风格；知识是个体在某一特定领域所拥有的事实型与经验型信息；技能是个体结构化地运用知识完成某项具体工作的能力。

从图 3-10 可以看出，员工通过个人知识技能、自我形象等原有素质的提升，可逐渐获得更深层次的技能，然后运用这些素质能力采取特定的行动，就可以为企业带来产品质量的提升、客户的满意等，从而使个人绩效得到大幅度提升，薪酬水平自然也会相应提升。

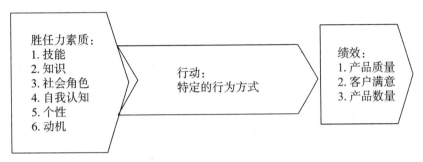

图 3-10　胜任力素质与行为的关系

四、薪酬增长机制

薪酬增长机制是指工资的增长随着 CPI 的变化以及企业利润的增加而动态变化，然后再配合税收政策，如个人所得税、企业所得税、增值税及消费税的变化来调整实际收入的一种机制。建立正常薪酬增长机制的方法包括：

（1）建立投资者、经营者、劳动者三方面利益的制衡机制。一方面以建立产权约束机制为前提，实行政企分开、政资分开。另一方面建立工资集体协商机制，打破以往由企业单方决定劳动报酬的机制，建立起适应市场，由企业和劳动者双方通过集体协商共同决定劳动报酬的机制。

（2）建立政府对企业工资分配增长指导性的宏观调控机制。建议政府采用行业工资增长指导线的调控办法，取代原有的薪酬管理模式，使企业能进行合理的自主分配，使企业可根据效益的增加或减少来调整职工的收入水平。

（3）建立职工拥有财产性收入的机制。在企业的改制过程中，应认真将职工在企业中创造的价值核算出来，量化为职工在改制后的企业中的股份，让本该属于职工所有的权益转化为职工的财产权。

（4）完善企业领导年薪制。企业领导者的年薪由投资者或上级主管部门来确定，并承担监督检查的责任，实施结果应公开透明。

一个社会的进步，最终取决于社会个体物质利益实现的程度。如果劳动者的工资收入长期在低水平徘徊，就背离了社会发展的目标。创新国企薪酬管理模式，确保职工收入的正常增长，是减轻贫富分化，构建和谐社会的必要之举。

五、经济性激励

企业对部分员工进行经济性激励可以促进其工作的积极性。具体措施如下：

1. 针对员工实施个人的奖励和认可计划

员工奖励计划是企事业单位为了留住人才、提升员工的忠诚度而设计实施的一整套涵盖激励原则、奖励规则、奖励流程、效果评估等在内的计划体系。在实施前，有三个条件：第一，从工作角度来看，员工个人工作任务的完成不取决于他人的绩效；第二，从组织状况来看，企业所处的经营环境以及所采用的生产方法必须是相对稳定的；第三，企业必须在整体的人力资源管理制度上强调员工个人的专业性，以及优良绩效。满足这三个条件之后，才可以实施，实施模式如下：

（1）企事业单位应当建立一个记录员工奖励的门户网站。须让员工感受到企业对于员工的忠诚度是严肃且慎重考虑的。同时，员工也可以在这个门户网站上随时看到因为何种原因获得的奖励。

知识小贴士：

现代企业在实施员工忠诚度奖励计划的时候，不必费力地去建立自己的一整套奖励 IT 系统，市场上有成熟的奖励工具如 IRewards 员工忠诚度奖励平台等，可以帮助企业进行奖励积分发放、规则设定、奖励品管理等全程服务。

（2）将员工的行为根据组织希望的发展方向，设定多种奖励项。如"全勤奖""优秀员工奖""最佳新人奖""生日奖"等，让全体员工在日常工作中的每一个行为都有奋斗的目标和方向。

（3）对于员工达成的任何一项目标，不论大小，都会有认可和相对应的奖励积分。

（4）积分累积到一定程度后，员工就可以用积分兑换自己一直心仪的东西。比如，一个数码相机、一次旅游套票、一张演唱会的门票等。以此来激励员工继续完成组织的绩效，为下一个目标而努力。

2. 销售人员的奖励计划

销售人员薪酬结构为底薪+提成（销售及项目类岗位适用），它的计划过程如下：

（1）制定员工的等级划分。等级的划分依据为：工作年限、以往业绩、以往工作经历。划分结果如下：促销员、销售代表、高级销售代表、小区销售经理、大区销售经理、区域销售总监。

（2）根据员工等级，确定底薪。底薪一般不低于当地最低工资标准，属于固定支出的成本。底薪占总薪酬（底薪+目标奖金）的比例可以参考行业一般标准，一般不多于总薪酬的 1/2。

（3）和员工签订绩效任务书。根据员工的等级，在绩效任务书中约定员工月度任务目标以及目标奖金（100%完成任务应得的奖金）。一般员工月度任务目标的确定与公司的销售目标挂钩，这部分薪酬属于浮动支出的成本，与公司利润有联系。

（4）每月定期由员工直属主管给员工的销售情况打分。每月可以由直属主管给员工核算销售业绩，同时，还可以请直属主管反馈员工工作表现，比如工作积极性、态度、解决问题的能力等。这些情况也可以与员工绩效挂钩。

（5）根据员工每月销售情况计算员工每月销售奖金（提成）。提成由目标奖金的完成率决定。

3. 中高层管理人员的奖励计划

企业中高层管理人员薪酬结构为年薪制，主要包括有福利成本支出的奖励和无福利成本或福利成本支出较小的福利。

（1）福利成本支出的奖励包括补充医疗保障、节日或生日礼物、员工活动（比如运动会、电影票、春游秋游、部门聚会）、带薪年假、带薪病假、费用报销（通信费、供暖费、交通费等）、企业年金和股权激励。

（2）无福利成本或福利成本支出较小的福利主要包括表彰、为员工树立榜样、企业内部培训、适度授权、企业内部加强沟通、领导鼓舞士气、提拔内部人才、创造内部良性竞争的环境、良好的内部员工职业生涯规划等。

案例：

远行公司杨总经理介绍，公司非常注重员工的激励管理，尤其在年终时正是总结过去冀望未来的时候。公司的激励措施主要有物质和精神两个方面的。

每年年终时，公司会组织一次"尾牙"活动，召集全体员工办一次盛宴。在"尾牙"的时候，高层管理人员都要跟员工敬酒，感谢员工一年来的辛勤劳动以及对公司的支持。这一惯例活动举办了很多年，效果很好。

4. 团队和组织绩效奖励计划

团队和组织绩效容易衡量，能高度体现合作的价值，但是容易造成搭便车问题，还可能造成员工的流动率上升或员工薪酬风险上升等问题。团队和组织的奖励计划主要适用于以下情况：①绩效衡量。产出是集体合作的结果或无法衡量出个人对产出的贡献。②组织适应性。个人的绩效标准需要针对环境的压力而变化或生产方法和劳动力组合必须适应压力的要求变化。③组织承诺。须建立在对组织目标以及绩效标准进行良好沟通的基础之上。

第七节　用人单位人力资源法律风险防范

一、劳动争议

劳动争议是指劳动关系当事人之间因劳动的权利与义务发生分歧而引起的争议，又称劳动纠纷。其主要包括：

（1）因确认劳动关系发生的争议。

（2）因订立、履行、变更、解除和终止劳动合同发生的争议。

（3）因除名、辞退和辞职、离职发生的争议。

（4）因工作时间、休息休假、社会保险、福利、培训以及劳动保护发生的争议。

（5）因劳动报酬、工伤医疗费、经济补偿或者赔偿金等发生的争议。

（6）法律、法规规定的其他劳动争议。

预防劳动争议的措施有：

（1）企业领导者要加强学习，转变观念。

（2）加强员工特别是人力资源管理人员的培训，提高企业人力资源管理水平。

（3）建立和完善工会组织及其运行机制，构建企业民主化管理制度及员工沟通渠道。

（4）健全企业管理规章制度。

（5）加强劳动合同管理。

二、劳动合同

劳动合同，是指劳动者与用工单位之间确立劳动关系，明确双方权利和义务的协议。其变更应当遵循平等自愿、协商一致的原则，不得违反法律、行政法规的规定。劳动合同依法订立后即具有法律约束力，当事人必须履行劳动合同规定的义务。

劳动合同订立时可能存在的问题包括用人单位与劳动者的地位不平等、企业为了减少订约成本和增进效率而简化缔约程序等。为避免问题出现，可采取的防范措施有：

（1）从立法上尽量缩小劳动者与企业的不平等地位，给劳动者更多的权利，使劳动者在法律支持上更有利，能够真正体现平等原则。

（2）不断健全社会保障体制，进一步扩大社会保险覆盖面，加大强制力度，消除劳动者的后顾之忧。

（3）对企业适当增加税收，用于加大职业培训的力度，提高普通劳动者的就业竞争力。

（4）通过进一步立法来防止企业控制权的膨胀。

（5）强化集体谈判和集体合同，加强工会对签订劳动合同的监督作用。

要想彻底规避由合同产生的问题，个体在签订劳动合同时应注意以下几点：

（1）合同必备条款不能缺少，劳动合同文本双方各执一份。

（2）必须订立书面劳动合同。

（3）合同关于试用期的约定必须合法。

（4）用人单位不能扣押劳动者身份证等证件。

（5）用人单位不能违法解除或者终止劳动合同，依法解除劳动合同时，应出具解除或终止合同的书面证明。

三、各类保险

企业保险是指企业在日常经营中所需要的包括各种责任险、财产险、老板和职工的个人寿险以及企业应急资金账户等在内的一揽子的保险规划。同时也是为使企业永续经营或留住人才而设计的保险制度。企业保险主要有五种。

（1）财产保险：对国内企事业单位、团体具有保险利益的财产进行承保的保险。

（2）责任保险：以被保人的民事赔偿责任为保险标的的财产保险。

（3）国内货物运输保险：以运输货物为保险标的，保险公司承担赔偿运输过程中自然灾害和意外事故造成损失的一种保险。

（4）运输工具保险：以载人、载物或从事某种特殊作业的运输工具为保险标的的保险合同。

（5）工程保险：保险人根据权利人（投保人）的要求，担保债务人信用，万一债务人发生信用危机对权利人造成损失的，由保险人进行理赔。

企业通常要给员工提供三险一金。三险是基本的社会保险，包括：养老保险、医疗保险、失业保险。现在通常说的"五险一金"指：养老保险、医疗保险、失业保险、工伤保险和生育保险；一金即住房公积金。

第四章　生产管理

第一节　改变世界的机器：精益生产之道

一、初识生产管理

在计划经济向市场经济的转化阶段，质量是决定生产型企业生产能力的唯一要素。如今，随着市场经济的发展，生产能力的大小越来越取决于企业生产管理水平的高低，生产管理的水平越高，生产能力越强，企业获利越多。那么，为什么生产管理在市场经济的发展中显得越来越重要？生产管理具体指哪些方面的管理？它是通过哪些方式来影响企业的利润水平的？本节将对上述问题进行探讨。

（一）为什么生产管理如此重要

生产管理，又称生产控制，是对企业生产系统的设置和运行的各项管理工作的总称。它在企业中的任务是根据企业的经营方针、目标，把投入生产过程的各种生产要素有效地结合起来，形成一个按预期质量、数量、成本等相结合的有机整体，最后生产出满足社会需要的产品或服务。生产管理的运行过程如图 4-1 所示。

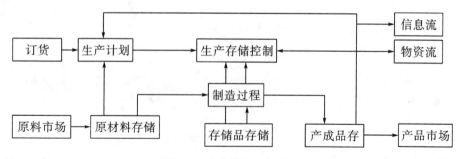

图 4-1　生产管理运行过程

生产管理在其运行过程中，能为企业带来很多实用价值，主要有：①使采购、销售、库存、生产数据等高度统一，进而帮助企业在物流、现金流和信息流等管理方面变得简单、高效；②能够实时掌握终端销售、库存等信息，帮助企业进一步优化商品库存结构，避免出现商品积压，提高企业运营效率，降低运营成本；③能够精确生产管理全过程，掌控业务细节，并从多层次、多维度进行报表分析，为企业合理采购、合理安排生产提供适时的决策数据。

图4-2为生产管理与企业的各个管理环节之间的关系，从图中不难看出生产管理的核心地位及所起的重要作用。

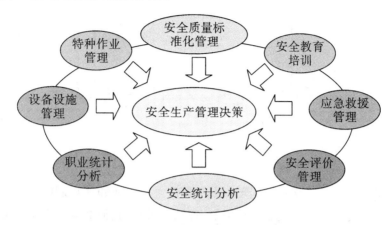

图4-2　生产管理与其他管理的关系

企业的生产能够得以正常进行，并取得良好的经济效益，全都是因为有效的生产管理。生产管理除了在人与人之间、人与物之间以及企业与外部环境之间发挥协调作用外，还要在如图4-2所示的各个管理环节发挥决策作用。企业的一切生产活动都已离不开生产管理，管理者只有抓好生产管理这个救命绳，抓好生产和品质，才有可能增强市场竞争力，给企业带来效益。

（二）生产管理中所要求的职能

职能，是指事物、机构本身具有的功能或应起的作用。用到生产管理上来说，职能就是指生产管理所应具备的功能或应起的作用。

在一个企业中，生产管理的主要职能就是根据企业的经营目标制造出企业的产品或服务（见图4-3）。具体来说，就是整

> **知识小贴士：区别定义**
>
> 职责：组织要求的在特定岗位上需要完成的任务。
>
> 职权：依法赋予的完成特定任务所需要的权力。

合各种资源（人员、设备、材料、物料、能源、技术、服务、厂房、土地、资金及政府法令规章、社会及环境的要求等）投入企业，然后产出客户需要的产品及服务。此时企业作为一个系统，是将输入转换为产出的机制。信息的流动及传递是双向的，转换的机制便利用这些双向流动的信息来改善转换机制的绩效，使得转换机制运作得更有效率。

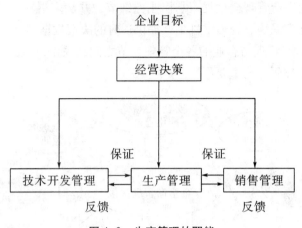

图 4-3　生产管理的职能

成本低、品质好、交货时间短、生产弹性大是企业和客户们的主要诉求。所以生产管理的另一个职能就是要找出如何做好且领先其他企业的方法，来形成企业特殊的竞争优势且让其他企业可望不可即。对于现代企业来说，能生存且具有其他企业所不能及的竞争优势，才是企业的长久生存之道。

二、计划管理工作

计划管理就是计划的编制、执行、调整和考核的过程。它是用计划来组织、指导和调节企业一系列经营管理活动的总称。一般来说，企业在国民经济计划的指导下，往往需要根据市场需求及企业内外环境和条件的变化，并结合当前和长远的发展需要，合理地利用人力、物力和财力资源，组织筹谋企业全部经营活动，以达到预期目标，提高经济效益。

（一）企业计划体系

企业的经营计划按时间划分，可分为三个层次：长期经营计划、中期经营计划和短期经营计划三种。长期计划是规定企业 10 年或 10 年以上的发展方向规模和主要技术经济指标的纲要性计划，又称战略经营计划或远景经营计划；中期计划是 5~10 年的发展计划；短期计划是 1~5 年的计划，它根据企业的具体情况制订。制造型企业的计划体系及相互之间的关系如图 4-4 所示。

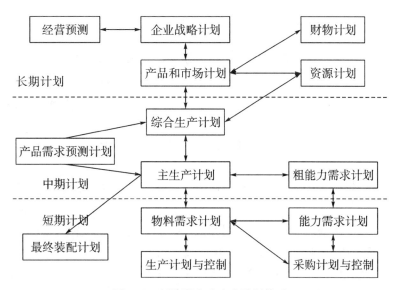

图 4-4　制造型企业生产计划体系

下面就图4-4中的部分计划的具体内容进行说明。

企业战略计划：结合企业内部能力水平和企业外部经济、技术、政治等环境进行分析，确定企业的发展总目标。如阿里巴巴的战略计划就是成为全球十大网站之一。

产品和市场计划：把企业的发展总目标转化为各个细分市场和各个产品线的发展目标。

财物计划：从资金需要量和投资回报等方面对企业的发展总目标的可行性和经济性进行分析。

资源计划：确定为实现企业的发展总目标和战略计划所需要增加的设施、设备和人力资源的需要量。通常也被称为长期计划。

综合生产计划：也称为总体生产计划，就是部门经理通过调整生产率、劳动力水平、存货水平以及其他可控变量，来决定满足预测需求的最好生产方式。

产品需求预测计划：预测最终产品和备品的需求量，与综合生产计划的产出总量一起，将作为下一层次计划——主生产计划的主要依据。

主生产计划：确定每一最终产品在每一具体时间的生产数量计划。一般以周为单位，计划期大于生产周期即可。它是连接销售与生产的纽带，是物料需求计划的重要参考。

粗能力需求计划：用来检查主生产计划的可行性，从而避免主生产计划超出能力范围。

最终装配计划：确定最终产品的短期产出进度计划。

物料需求计划：根据产品的配方和工艺文件，把主生产计划细化为零部件生产进度计划和原材料、外购、外协件的采购进度计划，并具体确定自制零部件的投产和完工日期等。

能力需求计划：用于检查物料需求计划的可行性。

（二）生产计划编制规范

生产计划就是根据企业总生产大纲，分解到各相关部门测算出生产能力与生产进度，同时根据人、机、料、法、环的合理安排，实现均衡生产，同时对生产计划完成情况进行协调、控制和改进的一项工作。生产计划的编制主要从四个方面考虑。

（1）以交货期为原则。特别要关注交货时间较短或临近的，生产计划要首先安排。

（2）以市场需要为原则。客户的需求量大，但又断货急需进行补货的应优先安排。

（3）以产能为原则。各生产班组和流水线的节奏与生产能力相吻合，同时考虑设备、生产时间、人员的负荷，以生产技术为基础。

（4）以工艺流程为原则。对款式工序多、复杂、生产时间长的，应该先安排生产。

编制生产计划主要是要掌握生产计划的内容，统筹安排，综合平衡，明确生产任务量和投产日期、原材料进仓日期、检验日期、交货（入库）日期等。反之，就会出现生产现场混乱、客户天天要货、生产车间等工待料、生产时间紧张、质量下降、生产效率低的局面。同时，生产计划的编制要注意全局性、效益性、平衡性、群众性和应变性。

（三）综合生产计划编制流程

综合生产计划又称生产计划大纲，它是企业根据市场需求和资源条件对企业未来较长一段时间内资源与需求的平衡所做的总体性规划，是根据企业所拥有的生产能力和需求预测对企业未来一段较长时期内产出内容、产出量、劳动力水平、库存投资等问题所做出的决策性描述。综合生产计划编制按如下程序进行：

1. 收集有关资料，进行必要的市场调研

如对新产品研发情况、劳动定额数据、设备状况及维修状况、成本数据、企业的财务资金状况、劳动力市场供应状况、现有人员情况、培训水平和相关能力、现有设备能

> **知识小贴士：**
>
> 常用的优化综合计划的方法有：盈亏平衡分析法、线性规划法。

力状况、劳动生产率水平、设备投资计划等都要有一个大体的了解。

2. 拟定多种可行的综合计划方案

这一点要根据本企业的生产类型具体考虑：订货型企业可以直接按订货合同，并根据生产能力的实际状况进行调整，即可决定大体框架；备货类企业则要通过市场需求的预测、库存状况、经济形势、设备能力及训整规律来综合平衡，安排生产计划。由于存在多种可变因素，实际工作中，可以制订多种可行方案备选，以应付各种不同的需要。

企业创立与经营综合仿真实训教程

3. 优化综合生产计划方案

初步拟定综合生产计划方案以后，还必须进行优化。

4. 综合平衡，最终确定正式方案

经过优化后的方案仍然可能是一个不可行的方案，还要进行全面的综合平衡，考虑到各种可能的因素、各方面的影响以后，才能最终成为正式的综合生产计划，进而下达实施。

表 4-1 为企业车间综合生产计划的基本格式。

表 4-1　　　　　　　　　　　　车间综合生产计划表

车间：

计划时间：年　月　日

产品	当前库存	单价	库存量	估计日销量	可销售量	经济产量	每日产量	需生产量	预定生产日程			
									自	至	数量	产量

（四）主生产计划编制流程[①]

主生产计划（Master Production Schedule，MPS）。MPS 的实质是保证销售规划和生产规划对规定的需求（需求什么、需求多少和什么时候需求）与所使用的资源一致。那么编制主生产计划主要有哪些步骤呢？

（1）编制 MPS 初步计划。编制资源清单，根据资源清单来计算 MPS 初步计划的需求资源。

（2）制订粗能力需求计划。对能力和需求进行平衡，核定主生产资源的情况，在这一步要做三项工作：首先建立资源清单，说明每种产品的数量及各月占用关键工作中心的负荷小时数；其次与关键工作中心的能力进行对比；最后在产品的计划期内，对超负荷的关键工作中心，要进一步确定其负荷出现的时段。

（3）评价初步的 MPS，最后修订和批准 MPS，同意或否定初步的 MPS。如否定，则对能力和 MPS 重新进行调整和平衡，改变预计的负荷量，重新安排订单、拖延（暂缓）订单、终止订单、将订单拆零、改变产品组合等，或改变产品的生产工艺、申请加班、外协加工、雇用临时工等增加生产能力。

主生产计划的编制流程如图 4-5 所示。

---

① 陈荣秋，马士华. 生产与运作管理［M］. 3 版. 北京：高等教育出版社，2011.

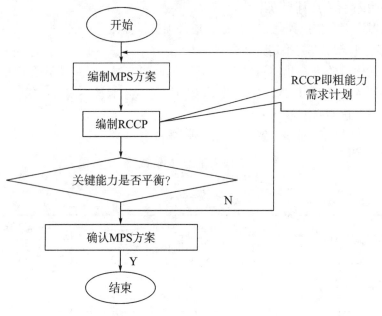

图 4-5　主生产计划编制流程

粗能力需求计划（Rough-Cut Capacity Planning，RCCP），是判定 MPS 是否可行的工具。RCCP 的作用是把 MPS 中计划对象的生产计划转变成对工作中心的能力需求。在这里，MPS 中的生产计划是生产负荷，关键工作中心能力是生产能力。如果生产能力大于或等于生产负荷，则 MPS 是可行的；否则，MPS 是不可行的。没有经过 RCCP 判定的 MPS 是不可靠的，因为企业可能无法完成 MPS 中的计划任务。

一般情况下，RCCP 的编制方法有两种：资源清单法和分时间周期的资源清单法。这两种方法的主要区别在于：前者比较简单，不考虑各种提前期，往往会过高地估计负荷；后者比较复杂，考虑各种提前期，平衡结果比较准确。但是，资源清单法是分时间周期的资源清单法的基础。

（五）车间生产计划编制流程

车间生产计划是在 MRP 所产生的加工制造订单（即自制零部件生产计划）的基础上，按照交货期的前后和生产优先级选择原则以及车间的生产资源情况（如设备、人员、物料的可用性，加工能力的大小等），将零部件的生产计划以订单的形式下达给适当的车间。在订单的生产过程中，要实时地采集车间生产的动态信息，了解生产进度，发现问题并及时解决，尽量使车间的实际生产接近于计划。车间的生产计划编制流程如图 4-6 所示。

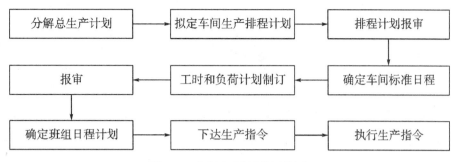

图 4-6 车间生产计划编制流程

各流程具体内容如下：

（1）分解生产计划。在生产部指导下，各生产车间对公司主生产计划进行分解，然后确定总生产任务在不同车间之间的分配。

（2）拟定车间生产排程计划。车间主任组织生产班组长拟定车间排程计划。

（3）排程计划报审。生产车间将生产排程计划报生产部进行审核。

（4）确定车间标准日程。生产车间根据生产部审批通过的排程计划确定车间标准生产日程。

（5）工时和负荷计划制订。生产车间根据标准日程确定生产工时和设备负荷，生产工时的确定需要考虑的因素包括：作业标准、作业时间、标准材料的配备。

（6）报审。生产车间将制订的工时计划和负荷计划报生产部审核批准。

（7）确定班组日程计划。车间各生产班组根据审批通过的车间日程、工时和负荷计划确定班组日程计划。

（8）下达生产指令。生产车间根据车间日程、工时、负荷及班组，下达生产指令。

（9）执行生产指令。生产车间各班组根据生产指令组织生产。

表 4-2 为车间生产计划表格示意。

表 4-2　　　　　　　　　　车间生产计划表

年　月　日

序号	产品名称	款号	计量单位	产量			实际产量		耗用工时		备注
				计划	实际	计划完成%	合格	不合格	计划	实际	
1											
2											
3											

（六）基准日程计划编制流程

所谓基准日程，是指以标准作业方法和正常的工作强度进行操作，为完成某一项工程所需的时间。基准日程是为使作业能按预定日完成，在何时开工、何时进行、何时完工制定的一种标准。这是一种日程标准，用来确定自订货至加工成最终成品形成为止所需的工作日数。基准日程表见表4-3。

表4-3　　　　　　　　　　　　　　　基准日程表

作业日期					
所需天数					
制程					
次序号					
基准日程					

基准日程编制步骤如下：

（1）决定基准日程。按作业的制程表、材料表来表示开工及完工时期的基准、先后顺序。

知识小贴士：

　　"日事清"是个解决日程计划中经常遇到的各种问题的软件，大家有兴趣可以看看。

（2）决定生产预定。依基准日程、生产能力及出货计划的要求订立详细的月份生产计划。

（3）安排日程。安排日程可以按照交期先后顺序安排；也可以按照客户优劣安排，比如，信用好的客户先安排生产等；还可以按照制程瓶颈程度大小安排。

（4）前期作业准备。充分的作业准备及生产日程计划的检讨，可确保计划的可行及达成。

第二节　强化采购管理　提高企业绩效

作为公司采购部门中的一员，你知道采购意味着什么吗？你了解采购对于一个公司来说有多么重要吗？而作为初创企业，你应该运用什么采购策略呢？你掌握了那些采购谈判方式呢？你又如何在众多供应商中挑选出最中意的供应商呢？如何才能达到最佳采购效果呢？采购管理中的各种问题，正是本节所要重点阐述的。

一、从传统采购到战略采购

所谓采购是指在商品流通过程中，企业、政府及个人为获取商品的所有权或使用权，对获取商品的渠道、方式、质量、价格、数量、时间等进行预测、决策，把货币转化为商品的交易过程。狭义采购主要指购买，而广义采购包含了租赁、借贷、交换等。采购管理是指根据企业战略需要和客户需要，从适合的供应商那里，在确保质量的前提下，以适当的时间、价格，购买适当数量的商品所采取的一系列管理活动。那么，传统采购与战略采购的差异在哪里，战略采购的作用机理是什么，采购管理到底能对企业产生什么影响，本节会一一解答。

（一）采购与采购管理

采购与供应管理是保证运作系统高效、低耗、灵活、准时地生产合格产品的重要活动，采购与供应管理已经成为现代企业提高竞争力的重要内容。采购是从外部资源市场获得企业运作所需的资源（包括原材料、零部件、燃料、动力、服务、设备等）的过程。因此，采购是商流和物流过程的统一，更是一种经济活动，如图4-7所示。

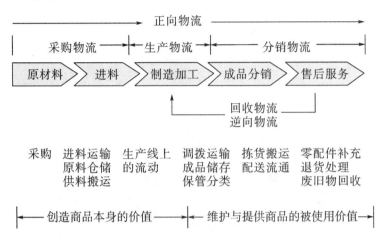

图4-7　采购及供应管理与公司运营关系

采购职能可以从技术维度、商业维度、物流维度以及管理维度来理解。其中，技术维度主要涉及确定规格、质量控制、价值分析、供应商选择、草拟合同等方面；商业维度主要涉及供应市场调查、谈判、签订合同、拜访供应商、评估报价单等方面；物流维度主要涉及来料检验、运输、库存控制、监控交货的可靠性等方面；管理维度主要涉及计划与统计、订单处理、核对发票、支付、文档管理、流程与制度等方面，如图4-8所示。

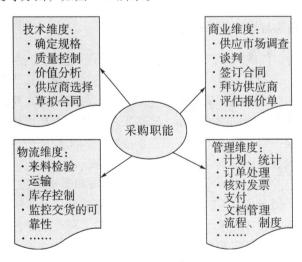

图4-8　采购具体职能

采购管理作为一种管理职能，它要完成从采购申请、采购计划、采购订单至到货接收、检验入库的全过程管理，主要涉及搜集资料、分析供应市场、开发供应战略等，具体包括确定需求、评价与选择供应商、谈判与签订合同、跟踪与催货、验收与支付、管理供应合同、管理内部流程等环节内容，采购管理涉及的工作环节及采购管理具体流程如图4-9和图4-10所示。

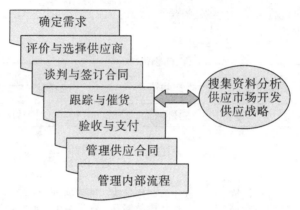

图4-9　采购管理涉及的工作环节

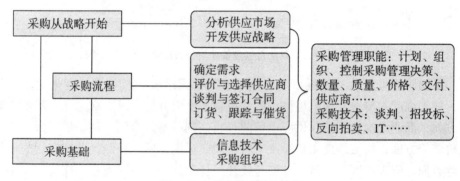

图4-10　采购管理具体流程

（二）传统采购与战略采购的差异

Leenders认为，传统的采购职能在组织中的角色是服务内部顾客，其目标就是在适当的时间、适当的地点以适当的价格获得适当质量、适当数量的适当商品和服务。Carr认为，战略采购从属于企业的公司层战略，而采购战略是职能层战略，两者发生在企业的不同组织层面。战略采购是从战略高度整合企业的采购职能，使得采购活动参与并服务于公司的竞争战略；而采购战略是在战略采购指导下制定的具体采购目标和行动。Rech和Long认为，企业采购管理经历了四个发展阶段：被动反应阶段、独立职能阶段、支持阶段和集成阶段。在前两个阶段，采购没有战略性，属于传统采购；在支持阶段和集成阶段，采购被赋予了战略使命。因此，战略采购和传统采购是企业采购管理的不同发展阶段，离开传统采购所提供的基础，企业难以实施成功的战略采购管理。一般来说，传统采购与战略采购主要存在以下几个方面的不同之处。

1. 从关注单价到更多地关注总成本

传统采购只关注采购单价，忽略了质量、库存等其他因素对采购成本的影响；战略采购不仅关注单价，更关注采购总成本，并且将单价视为总成本的一部分。其中，总成本是指从与供应商谈好单价，到材料交付、储存、使用，转化成相应的产品，直型产品被客户接受或者被客户投诉并处理完投诉的整个过程中各种费用支出的总和。简单来说，供应商如果在谈判桌上失去了什么，往往会试图在谈判桌下挽回损失。价格最低，可能质量并不高，交货也不准，服务也不好，最初看起来是合算的交

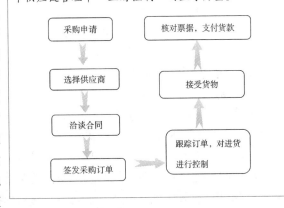
易却往往让人受尽磨难，反倒花费更大的代价。因此，采购不仅要关注单价，更要关注总成本。有一个很好的比喻将单价比作战斗，总成本比作战争。商场如战场，打仗要赢得的是战争呢还是战斗呢？"我们要去赢得的是一场战争，而不是小小的战斗""供应商有可能在单价方面让步很多，但可能在其他方面补回来"。所以，在实施采购时要以总成本最低为导向，再寻求最低的单价，这是必须要树立的采购思想。

2. 供应商的数目由多到少甚至到单一

传统采购只关注单价，谁便宜就找谁买，企业的选择余地很大，就像去自由市场买菜一样，因此供应商的数目很多。特别是传统采购往往是分散采购，而战略采购鼓励发展单一供应商。有人会质疑，单一供应商风险会不会太大，但单一并不等同于唯一。唯一货源的情况下企业别无选择，当然风险大。而单一供应商是指企业有不止一个货源，在与多个供应商接触的过程中，选择其中一个最优秀的供应商，建立长期合作的关系，实施高度集中的采购，这样就把有限的采购资源价值最大化了，反而风险最低。

具体来说，战略采购追求的是质量优、成本低、交货准、服务好。从质量来看，多个货源时虽然大家都遵循同样的质量标准，但是来料的质量并非完全一致，往往呈现不稳定状态，毕竟每个供应商质量管理的水平有差异。同时，每个供应商送货过来都要进行来料检验，检验次数多，检验费用也会增加。而在发展单一供应商后，因为它是最优秀的供应商，质量表现最好，质量也更稳定，检验频率与抽样数量就可以减少，甚至可以实施免检。从成本来看，多个货源时采购

分散，没办法去降低采购价格，总成本通常也很高。而在发展单一供应商之后，实施高度集中采购，规模效应就会显现出来，就容易获得价格优势，总成本往往也更低。从交货与服务来看，在发展单一供应商之后，因为实施了集中采购，企业很有可能是供应商的大客户甚至最大的客户，供应商在产能分配、供货保障、技术支持与服务上，往往遵循大客户优先的原则，可以更充分地满足企业的需求，反而最终促使风险降低。

3. 与供应商的关系由短期交易到长期合作

传统采购只关注单价，供应商的数目又多，因此供应商的变动非常频繁，企业和供应商的关系是短期交易型的，是简单的买和卖的关系。然而，战略采购则将供应商视作伙伴，致力于长期合作。在企业有需要的时候，供应商可以挺身而出，牺牲短期的利益来换取长期的共赢。此外，企业也可以在与供应商签署长期框架协议的前提下，推动供应商的持续改善，以使企业获得更优的质量、更低的价格、更准时的交货、更好的服务。

4. 采购部门的角色由被动执行到主动参与

传统采购将采购看作是事务性工作，也就是简单的下单、跟催、验货、付款等事项，因此采购只是被动地执行需求部门提出的要求。然而，战略采购却要求采购部门由被动执行转变为主动参与。也就是说，战略采购认为采购是一项技术活，非常强调采购的专业性，并要求采购的主动参与，也就是早期参与。早期参与是一个专门的采购机制，就是要早期参与到日常业务需求的确认中，但通常主要是指产品的研发过程的早期参与，这在一定程度上体现了对采购专业度的认可与尊重。此外，广义的采购部门早期参与还包括了供应商的早期参与，这主要是考虑到供应商可以提供更多专业领域的信息。

一般认为，研发费用只占产品总成本的 5%，而研发过程却决定了产品 70% 以上的成本构成。在产品研发过程中，技术人员更注重的是技术的完美，而对成本考虑相对较少，或不太了解，采购部门的早期参与正好可以弥补这一点。比如差不多性能的材料，因为市场因素会导致采购价格差异很大；又如不同的结构，因市场的技术能力所限产生的差异也会很大，而采购人员往往能为产品研发提供这些信息。当然，这就要求我们不断加强采购人员队伍的专业化建设。

（三）战略采购对企业管理的影响

战略采购研究涉及的一个基本问题是如何界定战略采购的战略性角色。从提升企业持续竞争优势和长期绩效的机理层面解释战略采购，主要可以从以下几个方面进行理解：一是产业组织理论从波特行业竞争力模型出发，认为供应商本身是一种讨价还价的竞争力量，而且供应商可能通过向前一体化而成为企业的潜在竞争对手，或通过纵向一体化生产出替代产品。因此，对供应市场和交易关系管理的成功与否，对企业有着重要的战略意义。二是交易成本理论认为，战略采购可以有效控制管理供应市场和交易关系的成本，对企业和供应商的财务业绩都有显著的贡献。三是资源基础理论认为，在资源层面上，企业的竞争优势体现在拥有竞争对手不具备的物质资源和人力资源。因此，采购为企业获取独特的物质资源，同时采购人员也是企业人力资源的组成部分，而战略采购使企业通过与供应商进行半结合，形成买方企业—供应商的交易网络。在这一网络中，企业与供应商的专有资源可以共享，并且双方都能够从交易中获取租金。四是根据威廉姆森的分析逻辑，规制结构是企业进行交易的制度安排；制度安排需要投入一定的人力和物力，这种利用经济制度的成本即交易成本。规制结构会因为需要特定投入而发生交易成本，也会通过对交易进行组织和管理而改变买方企业的技术特征和产品市场特征从而创造效益。此外，企业组织和管理活动逐渐成为惯例，传统的交易成本会在长期内趋于零，信息和知识成本成为主要的长期交易成本；信息和知识成本以及企业的动态能力在长期内决

定着企业的边界。随着卖方市场向买方市场的转变，企业之间的竞争日益激烈。竞争不仅仅表现在质量和成本方面，客户对于交货的速度和品种与数量柔性也提出了越来越高的要求。因此，企业的发展依赖于自身的竞争优势，企业要想保持持续的竞争优势，必须拥有自己的核心竞争力。战略采购作为新兴的战略理论，对企业竞争力的提升具有重要意义。

1. 战略采购对降低采购总成本的影响

战略采购强调以最低采购总成本为企业开发供应渠道，采购总成本最低这一概念涵盖了整个供应链的运作下因采购行为导致的生产商相关采购总成本最低。简单的说，战略采购是以最低采购总成本建立业务供给渠道的过程，而不是以最低采购价格获得当前所需原料的简单交易。战略采购的构成中重要的一项是供应商的优化。企业根据其核心经营职能的重要需求，通过对供应商进行评估，只保留最合适的，其目的是降低成本及选择高质量的供应商。投资银行有关调查结果显示，现在采购及购买成本占到了整个销货成本的60%，而几十年前采购成本所占的比例大概只有20%。降低采购总成本对公司利润的贡献是显而易见的。

2. 战略采购对提高企业创新能力的影响

战略采购强调买卖双方关系的建立。在这种合作性的交易关系中，企业与供

应商之间的信息交流非常频繁，买卖双方经常就产品设计、技术可行性交换意见，且战略采购注重战略供应商的早期介入。核心制造企业和原材料或部件供应商在新产品概念形成时便开始的合作被称为供应商早期参与。企业通过借助供应商的技术长处、经验积累，参与企业新产品的子系统或零部件的开发和设计，以提高产品的创新能力。企业通过不断向市场推出新的产品来赢得市场份额，从而提高企业竞争力。美国的一些领先企业如惠而浦、波音和克莱斯勒公司已经将许多设计活动转移给战略供应商。

3. 战略采购对规避企业风险的影响

经济的全球化以及供应链的紧密相连，使得一个企业处于风口浪尖之时，与它关联的企业甚至整个行业都不能独善其身。不论是 2008 年金融海啸引发的全球经济危机导致多个企业的供应商倒闭，致使企业生产中断甚至倒闭，还是 2011 年日本大地震所引发的全球多个产业链的中断风险，风险管理已经成为企业高管必须重视的管理活动。战略采购能够通过与企业的战略进行整合，寻找与企业战略相吻合的供应商，邀请其参与到供应链中来，联合制订可变应急计划，实施多级供应的实时可视性合同管理，并利用全球网络进行外包等策略，以实现与供应商共同预测风险、识别风险、防范风险的目标。

总体而言，为了应对竞争，近年来企业在战略采购管理方面广泛进行了流程的优化和再造，对 ERP 等 IT 技术和组织重组方面都进行了大量投入，期望能够优化物流和供应链管理，在竞争中占据有利的位置。对战略采购管理进行优化是一个系统的工作，在这些工作中比较容易被忽略但是又非常重要的是对采购提前期管理的优化。采购提前期是供应商向企业承诺的，从接受采购合同、采购订单到将物料交付给企业的周期。这个周期往往由供应商在合同或者订单上向企业承诺。因此，在一般的制造企业里，战略采购提前期要占整个企业运营周期的 80% 左右。由于战略采购提前期占有如此之高的比例，在企业进行物流与供应链管理优化时，需要对战略采购提前期的管理优化给予足够的重视。

二、初创企业采购策略

作为初创企业，企业获得利益的同时，能够承担对员工、社区、环境及消费者的社会责任就是企业的社会责任。在企业盈利的过程中，企业社会责任主要是协调与其他社会成员之间的利益和冲突。在社会责任视角下，面对采购过程出现的不良现象，企业要采取一定的策略。如正确评价生产商、正确评估中间商、合同中要有具体的采购要求、加强质量验收和检测、改变低价中标的评标策略、雇佣有经验的采购人员、与供应商达成长期合作的共识、加强产品质量的检验和验收、改变采购方式等。这样才能在维护自身长期利益和企业发展的同时，切实保障员工和消费者的利益，并降低对环境的危害。

（一）要正确合理的评估生产商

在购买某产品时，关键的一点是采购人员应充分地了解生产厂商。需要了解的内容主要包括以下几点：生产许可证、产品质量、厂商口碑、客户服务、质量管理体系、技术手段、生产能力、过往参与过的项目、产品价格等。不管该企业是不是ISO9000 QA认证的企业，采购人员都应在采购前对生产厂商进行比较全面的了解，同时还需了解供应商的管理团队、管理体系，以及是否有良好的执行能力。

（二）要正确合理地评估中间商

中间商是产品流通的中间环节，绝大多数的产品都要经过这一环节，因此选择、管理、控制好中间商就成为采购监控的重点。为了防范采购时出现以次充好等问题，要严格管理中间环节，及时评估中间商的供货能力。评估中间商时，要注意中间

商的经营范围、财政状况、过往供货的项目及其客户的反馈、供货价格、供货质量和储备能力、合作的物流企业等内容。

（三）采购合同中要有明确的采购要求

在采购时，合同中要详细描述采购要求。采购的要求可以包括产品规格、型号、技术、数量、质量、类别、验收标准及方式、地点、交付时间和付款方式等方面。这样可以降低买到次品的风险。需要注意的是，对于这些要求，双方要逐条核对，以便达成共识。特别是对于工程采购来说，相关材料和设备、工具等也要描述清楚，比如说要详细规定钢材、电器元件、掺合料、防水材料、机电设备、外加剂、焊条和仪器等内容。

（四）加强产品质量的检验和验收

企业要加强产品质量的检验和验收工作。在确定购买产品之前，要严格核查产品相关证明材料，如产品质量证明文件、产品的许可证编号和安全认证标志等。同时，企业还要特别留意产品的性能和质量是否符合企业要求，与所留的样品进行仔细核对，如果发现劣质产品或者不符合企业既定要求的产品，要暂缓交易，严重不合格的产品要拒绝接受，或者按照合同进行处罚。采购商也可以派遣一些具有良好职业道德以及一线实践经验的专业技术人员进入生产商的生产基地进行检验，这也是防范生产商以次充好、确保采购商品质量和售后服务的有效策略之一。

（五）改变低价中标的评标原则

在招投标时，很多企业都会采用最低竞标价的策略。这是由于评标者往往会过多地关注标价，而忽略产品的质量和服务，这会让投标者钻空子，以次充好，以低价取胜。所以，如果评标者以往习惯于看重价格比较低的产品时，一定要改变自己平时的评标策略，多注意产品的质量、服务等一系列的问题。在不低于成本价的基础上，企业以较低价格中标就叫作合理低价中标。

（六）雇佣有专业知识能力的采购人员

采购人员上岗前，企业要对采购人员进行一些考核或者投入一定的资金和时间对采购人员进行岗前培训。具体来说，对采购人员的培训应当包括职业道德、产品知识、采购技能、人际沟通、谈判技巧等相关知识和技能，同时也要督促采购人员自己加强学习，不断提升业务能力，丰富采购经验，从而打造一支高素质的专业采购人员队伍，强化企业采购效果。

（七）与供应商建立长期的合作

为了提高企业的利润、获得较高质量的产品和避免以次充好现象的出现，企业可以与供应商建立长期的合作关系，成为良好的合作伙伴。具体来说，企业和供应商建立良好的合作伙伴关系一般可以通过以下几个步骤：一是分析采购产品或服务的关键因素；二是选择合适的供应商；三是对供应商的运作及交付业绩进行评价和考核；四是与所选择的供应商确定合作伙伴的关系，进行试运营；五是运营过程中不断磨合并完善流程，防范运作中的风险；六是持续进行供应商开发，确保合作的双赢。这样不仅可以保证产品质量的稳定，而且长期合作可以确保在价格上具有一定的优势，从而降低成本，提高利润。

（八）改变采购的方式

企业进行采购时，要采用多元化的采购方式，尽量避免单一化的采购方式和渠道，朝着多元化的方向发展，可以采取多种采购方式相结合的方式，比如：集中采购与分散采购相结合、多供应商与单一供应商相结合、全球化采购与本地化采购相结合、制造商采购与分销采购相结合、自营采购与第三方采购相结合等。

三、初创企业采购谈判及其技巧

"谈判"，有些人称之为"协商"或"交涉"，是担任采购工作最吸引人的部分之一。谈判通常发生在金额大的采购上，由于企业是自选式量贩广场，采购金额很大，因此谈判工作就显得格外重要。采购谈判一般都被误以为是"讨价还价"，谈判在韦氏大辞典的定义是："买卖之间商谈或讨论以达成协议"。故成功的谈判是一种买卖之间经过计划、检讨及分析的过程达成互相可接受的协议或折中方案。这些协议或折中方案里包含了所有交易的条件，而非只有价格。谈判与球赛或战争的不同点在于：在球赛或战争中只有一个赢家；在成功的谈判里，双方都是赢家，只是一方可能比另一方多赢一些，这种情况是商业的常事，也就是说，谈判技巧较好的一方理应获得较多的收获。

（一）采购谈判理论概述

在采购工作上，谈判通常有五项目标：一是为相互同意的质量条件的商品取得公平而合理的价格。二是要使供货商按合约规定准时与准确地执行合约。三是在执行合约的方式上取得某种程度的控制权。四是说服供货商给本公司最大的优惠。五是与表现好的供货商取得互利与持续的良好关系。

采购谈判要力争达到公平而合理的价格。谈判可单独与供货商进行或以数家供货商竞标的方式来进行。单独进行时，采购人员最好先分析成本或价格；数家竞标时，采购人员应选择两三家价格较低的供货商，再分别与他们进行谈判，求得公平而合理的价格。

采购谈判时要特别注意采购交货期。采购交货期通常是供货商的最大问题，这大多是因为：①采购人员订货时间太短，供货商的生产无法配合；②采购人员在谈判时，未认真考虑交货期的因素。不切实际的交货期将危害供货商的产品质量，并增加他们的成本，会间接导致供货商的价格提高。故采购人员应随时了解供货商的生产状况，以调整订单的数量及交货期。

采购谈判时要特别关注供货商的表现。这是由于表现不良的供货商往往会影响到本公司的业绩及利润，并造成客户的不满。故采购人员在谈判时，除价格外还应谈妥合约中有关质量、数量、包装、交货、付款及售后服务等条款及无法履行义务之责任与罚则。对于合作良好的供货商，则应给予较多的订单或通过其他的方式来奖励供货商。毕竟买卖双方要互利，才可维持长久的关系。此外，采购时还要特别注重与供货商关系的维持。采购人员应认识到任何谈判都是与供货商维持关系的过程的一部分。若某次谈判采购人员让供货商吃了亏，供货商若找到适当时机时，也会利用各种方式"回敬"采购人员。因此，采购人员在谈判过程中应在衡量本公司与供货商的短期与长期利益的基础上，求取一个平衡点，以维持长久的关系。

采购谈判中存在着有利与不利的因素。采购人员应设法先研究市场的供需与竞争的状况、供货商价格与质量的优势或缺点、成本的因素、时间的因素、相互之间的准备工作等各方面因素。

（二）采购谈判技巧

谈判技巧是采购人员的利器。谈判高手通常都愿意花时间去研究这些技巧，以求事半功倍。下列谈判技巧值得初创企业采购人员进行一定的研究。

一是谈判前要有充分的准备。知己知彼，才能百战百胜。成功的谈判最重要的步骤就是要先有充分的准备。采购人员对商品知识、市场及价格、供需状况、本公司、供货商、本公司所能接受的价格底线、目标、上限，以及其他谈判的目标都必须先有所准备，并列出优先级，将重点简短地列在纸上，在谈判时随时参考，以提醒自己。

二是谈判时要尽量避免谈判破裂。有经验的采购人员，不会让谈判完全破裂，否则根本不必谈判，他总会给对方留一点退路，以待下次谈判达成协议。没有达成协议总比勉强达成协议好。

三是只与有权决定的人进行谈判。企业的采购人员可能会接触到业务代表、业务各级主管、经理、协理、副总经理、总经理或董事长等谈判对

象，具体主要视供货商的规模大小而定。这些人的权限都不一样。采购人员应避免与没权决定事务的人谈判，以免浪费自己的时间，同时也可避免事先将本公司的立场透露给对方。因此，采购谈判之前，最好问清楚对方的权限。

四是尽量在本企业办公室内谈判。在自己的企业内谈判除了有心理上的优势外，还可随时得到其他同事、部门或主管的必要支持，同时还可节省时间与旅行的开支。

五是放长线钓大鱼。有经验的采购人员知道对手的需要，故会尽量在小处着手满足对方，然后渐渐引导对方满足采购人员自己的需要。当然，采购人员也要积极避免先让对手知道自己的需要，否则对手可能会利用此弱点要求采购人员先做出让步。

六是采取主动的同时要避免让对方了解本公司的立场。攻击是最佳的防御，采购人员应尽量将自己预先准备的问题，以开放式的问话方式，让对方尽量暴露出他的立场，然后再采取主动，乘胜追击，给对方足够的压力，对方若难以招架，自然会做出让步。

七是必要时能够快速转移话题。若买卖双方对某一细节争论不休，无法谈拢，有经验的采购人员会转移话题，或喝个茶暂停，以缓和紧张气氛。

八是尽量以肯定的语气与对方谈话。否定的语气容易激怒对方，让对方没有面子，导致谈判难以进行。故采购人员应尽量肯定对方，称赞对方，给对方面子。

九是尽量成为一个好的倾听者。一般而言，业务人员总是认为自己是能言善辩的。因此，采购人员应尽量让他们讲，从他们的言谈及肢体语言之中，可听出他们的优势与缺点，同时也可了解他们的谈判立场。

十是尽量为对手着想。全世界只有极少数的人认为谈判时，应赶尽杀绝，丝毫不能让步。事实证明，大部分成功的采购谈判都是要在彼此和谐的气氛下进行才可能达成。人都是爱面子的，任何人都不愿意在威胁的气氛下谈判，何况企业与良好的供货商应该是细水长流的合作关系，而不是对抗的关系。

十一以退为进。有些事情可能会超出采购人员的权限或知识范围，采购人员不应操之过急，导致做出不应做的决定。此时不妨以退为进，与主管或同事研究

或弄清事实情况后，再答复或决定也不迟，毕竟没有人是"万事通"的。草率仓促的决定大部分都不是好的决定，智者总是先深思熟虑，再做决定。

十二不要误认为五五分最好。有些采购人员认为谈判的结果是五五分最好，彼此不伤和气，这其实是错误的想法。事实上，有经验的采购人员总会设法为自己的企业争取最好的条件，然后让对方也得到一点好处，能对他们的企业有所交代，因此站在采购方的立场，若谈判的结果是六四分、七三分，甚至是八二分，也就不会"于心不忍"了。

总而言之，采购人员在进行谈判时要是能够避免准备不周、缺乏警觉、脾气暴躁、自鸣得意、过分谦虚、不留情面、轻诺寡信、过分沉默、无精打采、仓促草率、过分紧张、贪得无厌等谈判十二戒，适时采取避重就轻、最后通牒、软硬兼施及各个击破等方法，就会大大增加谈判成功的概率。

四、供应商的甄选与评估

作为初创企业，如何来选择最佳供应商呢？初创企业在供应商开发的流程中，首先，要对特定的分类市场进行竞争分析，要了解谁是市场的领导者，目前市场的发展趋势是怎样的，各大供应商在市场中的定位是怎样的，从而对潜在供应商有一个大概的了解。其次，除了要了解战略采购的特点对供应商选择的影响及基于战略采购的供应商选择流程，更需要建立基于战略采购的供应商选择评价指标体系等，为企业在进行战略采购的供应商选择时做到有据可依。

（一）战略采购的特点对供应商选择的影响

采购活动的目标是通过可行、有效的方法选择合适的供应商。与传统采购重点关注具体的采购活动不同，战略采购关注的是企业长远的、全局性的问题，其目标是提高企业的竞争力，促进企业的持续发展，如表4-4所示。这两种采购模式的差异性给供应商的选择带来了一定的影响。

表4-4　传统采购供应商关系管理与战略采购供应商关系管理的差异

	传统采购供应商关系管理	战略采购供应商关系管理
供应商数目	多数	少数
供应商关系	短期、买卖关系	长期合作、伙伴关系
企业与供应商的沟通	仅限于采购部与供应商、销售部之间	双方多个部门沟通
信息交流	仅限于订货收货信息	多项信息共享
价格谈判	尽可能低的价格	互惠的价格，双赢
供应商选择	凭采购员经验	完善的程序
供应商对企业的支持	无	提出建议
企业对供应商的支持	无	技术支持

1. 战略采购的全局性使供应商选择的流程、参与实施的主体不同

战略采购是站在企业战略的高度上考虑问题，需协调的面更广。而且，相对

于传统采购具有明确的采购标的，战略采购首先要确定适合战略采购的物资。这些都无疑拉长了采购的流程。传统采购主要由采购部门完成，而战略采购则有赖于采购部门和企业其他职能部门、供应商的共同努力，即参与实施的主体更多。

2. 对供应商的定位、期望不同使供应商选择的方式、标准不同

传统采购过程中，通常采用招标、竞争性谈判、询价等方式选择供应商，价格、质量性能、售后服务以及业绩等指标是选择供应商的主要标准。而且，传统采购与供应商的关系相对简单、稳定性相对较差。战略采购则由于对供应商的定位是长期稳定的合作伙伴，因而除关注传统采购考虑的因素外还要考虑与供应商的优势互补、供应商的发展能力、合作能力等因素。相应地，选择的方式就不能是简单的招标或谈判了，而是建立在对供需情况、数据信息的收集和分析的基础上，通过更为全面、合理的评审标准和方法来选择有价值的供应商。

（二）基于战略采购的供应商选择流程

战略采购选择供应商时一定要遵循以下原则：运营较好的供应商、以品质和总成本为主要导向、满足公司采购战略布局、具备良好的可持续发展潜力、具有横向整合潜力。战略采购对供应商的选择过程一般包括采购物资特性分析，确定战略采购物资，确定选择战略供应商的目标，确定战略供应商选择的指标和方法，收集、整理有关的数据信息，成立战略供应商评审专家组，对潜在战略供应商的评价，战略供应商的确定等，如图 4-11 所示。

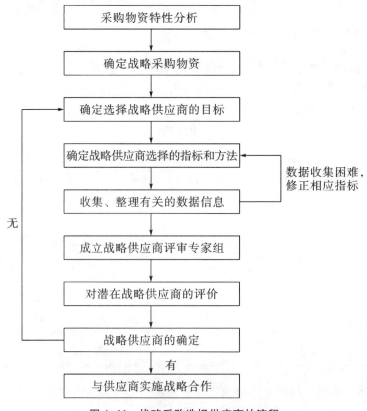

图 4-11　战略采购选择供应商的流程

一是采购物资的特性分析。企业需要采购的物资多种多样，并不是每个品种都要选择战略供应商。这就需要对采购物资的供需市场状况、物资本身的特点以及对企业业务的影响等方面进行分析，以便对采购物资进行合理的分类。

二是确定战略物资。根据步骤1对物资的分析结果，对物资进行分类，确定可以实施战略采购的物资。目前对物资分类的研究相对比较成熟，常见的是用分类矩阵的方法进行分析。其基本思想是：首先，将上述分析的因素分为采购规模重要性、业务重要性两类，作为矩阵的两个坐标轴；其次将分析调查的因素按照预先设计的指标和权重进行量化评分；最后根据得分情况确定物资所处的矩阵位置，进而确定物资的种类。分类矩阵及各类物资的特点如图4-12所示。

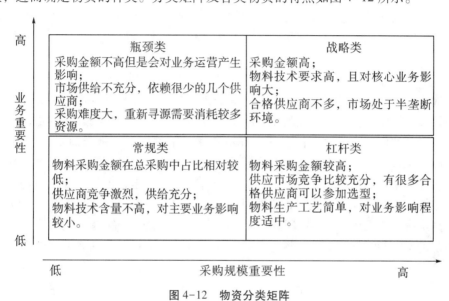

图4-12 物资分类矩阵

三是确定选择战略供应商的目标。根据企业的实际情况确定除价格、质量等传统采购考虑的因素之外预期达到的目标，包括战略供应商的数量、对供应商在货源保证、技术开发合作等方面的要求等。

四是确定战略供应商选择的指标及方法。这一步是对潜在战略供应商进行评价的依据和标准，是选择战略供应商的关键。选择的指标应能反映行业和供需市场环境的特点，选择的体系及方法应有效、可操作。

五是收集、整理有关的数据信息。根据评价指标的设计，调查收集企业、供应商以及市场的有关数据信息，并确保这些信息的准确性，这是做好战略供应商选择的基础。

六是成立战略供应商评审专家组。评价和选择战略供应商必须发挥专家优势，使整个过程选择专业、决策民主。专家组成员应包括采购、质量、生产运行、技术以及战略规划等部门的专家。

七是评价和选择供应商。首先，企业根据以往的采购经验和步骤1的分析，确定潜在战略供应商的短名单。应将居于行业领先地位、具有较强影响力且愿意与企业建立战略合作关系的供应商纳入到短名单中。其次，在收集相关数据信息的基础上，利用确定的评价指标体系及方法对潜在战略供应商进行评价。最后，根据评审情况，确定合适的战略供应商。

八是与确定的战略供应商实施合作。企业与确定的战略供应商就合作的细节进行协商，达成一致意见，签订战略合作协议。战略采购实施过程中，企业可以根据对战略合作情况的实施以及市场变化、供应商自身变化及采购需求变化的了解，对战略合作协议进行修订或调整战略供应商。

（三）基于战略采购的供应商选择评价指标体系的建立

战略采购选择供应商时要遵循一定的原则，成立供应商评估和选择小组，建立完善的绩效评估体系，统一合理的评估标准，挑选合适的评估者并进行合理分工，制定明确的操作规程，搜集供应商的相关信息数据，进行综合评分并最终确定供应商。

1. 基于战略采购的供应商的选择评价指标的选取原则[①]

战略采购环境下供应商的选择需考虑的因素较多，且相互关系较为复杂。为了使评价指标体系能更好地反映出战略采购的特点，为企业选择合适的战略供应商提供可靠的依据，对评价指标的选择应遵循以下原则：一是全面、实用原则。供应商评价指标体系应能全面、准确地反映供应商各方面的情况，并且能将每个评价指标与选择战略供应商的目标有机地结合起来。但是，评价指标的选择也不是越多越好，指标太多可能会导致拘泥于细小的问题。所以应注重实用性，力求能够真实有效地反映出战略采购的特点和潜在战略供应商的综合能力。二是定性、定量指标相结合原则。尽管定性评价指标由于受主观因素的影响可能会产生偏差，但从全面、有效评价的角度考虑，应在尽可能选定量指标的前提下，适当选取定性指标。三是可操作性原则。选取的指标要有明确的含义和确切的表示方法，而且无论是定量指标还是定性指标，都应注意指标数据来源的可实现性、获得数据的难易程度以及数据的真实性，从而确保该指标切实可操作。

2. 基于战略采购的供应商选择评价体系的建立

根据前面基于战略采购的供应商选择评价指标的选择原则以及从事采购工作的实践经验，这里主要将评价指标体系分为整体实力、产品质量、价格水平、服务水平、合作能力及市场能力六方面，每一个方面根据不同情况设置了一级指标、二级指标，并对部分二级指标又进一步设置了三级指标，具体情况如表4-5所示。

（1）整体实力。

一是规模。这是反映整体实力的一个重要指标，包括供应商的总资产、销售收入、产能等三级指标，可以用供应商的相应数据与行业平均水平进行比较，数值高者得分高。

二是行业地位反映供应商在市场中的地位，能影响其在供需市场中的话语权，包括市场占有率、品牌认可度两个三级指标。其中品牌认可度是定性指标，

---

① 范焱章. 基于战略采购的供应商选择评价指标体系研究 [J]. 企业研究，2012（16）：9-12.

由专家根据实际情况打分得出有关数据。

市场占有率=供应商产品销售收入÷同行业该产品销售收入总额×100%

三是人员素质水平、装备水平、管理水平以及技术能力。这些要素是供应商进行市场竞争的基础。三级指标中，设备及工艺的先进性、经营理念和管理方法的先进程度、对产品标准和规范的制定能力为定性指标。管理体系认证情况、专利及发明数量可以根据不同供应商的拥有数量进行评比。其他三级指标可根据以下方法计算：

人员素质水平=专业技术（经济）人员数量÷员工总人数

四是发展潜力。即企业持续发展的能力，也是反映战略采购特点的指标，其三级指标均为定量指标。

新产品的贡献能力=新产品销售收入÷销售收入

研发经费投入情况=研发费用÷销售收入

年均固定资产投资增长率=年固定资产增长率的总和÷投资年份

五是财务状况反映供应商的经营情况，除资信等级为定性指标外，其他均为常用的定量指标。

（2）产品质量。

产品质量是与供应商进行合作的基础指标。质量水平指标根据产品的不同特点，可用产品等级、使用效率或者一定时间内的维修频率来反映。持续改进的能力是指供应商在产品质量上是否有持续进行改善的愿望和能力，可以用一定时期内对产品的改进、升级次数及效果来反映。

（3）价格水平。

价格水平这主要包括两个三级指标，其中相对价格水平是供应商价格与行业平均价格水平相比具有的竞争力，可用以下方法计算：

相对价格水平=产品价格÷同行业该种产品的平均价格

价格的稳定性对企业的成本变化来说非常重要，因而是一个重要的指标，可以用供应商价格变动的频率和幅度来反映。

（4）服务水平。

服务水平可用一定时期内的三个定量指标来评价，计算方法如下：

服务承诺的履行情况=供应商实现的服务项目数÷其承诺的服务项目总数

问题解决的及时性=规定时间内解决问题的数目÷向供应商提出的问题数

用户满意度=得到满意解决的问题数÷向供应商提出的问题数×100%

（5）合作能力。

合作能力是反映战略采购的关键指标，体现了战略采购的特点。

一是业务关联水平。这是反映供应商与企业业务联系紧密程度的一个指标。产品关联程度可以用企业在用的供应商产品种类数的比较来表示。产品在企业的市场占有率反映了该供应商产品在企业的使用情况，也反映了企业的使用习惯，影响着企业的综合成本。该指标可用以下方法计算：

产品在企业的市场占有率=企业对供应商产品的采购额÷企业对该类产品的总采购额×100%

二是对产品设计的支持能力。该项指标可反映供应商对企业的个性化需求、技术合作的能力，可以根据一定时期内技术合作的情况进行定性分析。

三是供货支持能力。三个三级指标中紧急情况支持能力和交货调节能力为定性指标，可以根据一定时期内供应商对紧急订单的处理情况、交货周期的灵活性等进行定性分析。准时交货率可以按以下方法计算：

准时交货率＝按时按量交货的批次÷应交货总批次×100%

四是经营理念、管理水平的兼容性。该指标主要反映供应商与企业在经营理念和管理水平的接近程度。接近程度越高，战略合作双赢目标实现的可能性越大。

五是信息的共享水平。该指标是反映供应商与企业信息沟通交流和传递及时性、准确性、有效性的定性指标。

（6）市场能力。

在供应商发展能力层面上，主要体现为供应商的信誉和创新，这里主要选取了顾客满意度、创新能力。其中顾客满意度，即顾客满意度指数，是近几年来经常采用的一种新的指标，主要是由顾客满意、企业形象、感知价格和顾客忠诚等因素构成，是供应商信誉的重要表现。顾客满意度的高低与供应商的长期生存与发展存在着密切的关系，是战略采购中供应商选择应考虑的必要指标。创新能力指标主要包括新产品研发能力、新产品的销售比率和员工的培训等。创新能力集中反映了供应商的长期发展能力，从发展的角度来看，这是评价供应商长期性的必要指标。其中，新产品研发能力计算公式如下：

新产品研发能力＝研发的新产品数÷产品总数

表 4-5   基于战略采购的供应商选择评价指标体系

一级指标	二级指标	三级指标
整体实力	规模	总资产、销售收入、产能
	行业地位	市场占有率
		品牌认可度
	人员素质水平	
	装备水平	设备及工艺的先进性
	管理水平	经营理念和管理方法的先进程度
		ISO 质量管理体系、环境管理体系的认证情况
	技术能力	专利、发明数量
		对产品标准、规范的制定能力
	发展潜力	新产品的贡献能力
		研发经费投入情况
		年均固定资产投资增长率
	财务状况	销售利润率
		资产负债率
		资产周转率
		资信等级

表4-5(续)

一级指标	二级指标	三级指标
产品质量	质量水平	
	持续改进的能力	
价格水平	相对价格水平	
	价格的稳定性	
服务水平	服务承诺的履行情况	
	问题解决的及时性	
	用户满意度	
合作能力	业务关联水平	
	对产品设计的支持能力	
	供货支持能力	准时交货率
		紧急情况支持能力
	经营理念、管理水平的兼容性	交货调节能力
	信息的共享水平	
市场能力	顾客满意度	顾客满意
		企业形象
		感知价格
		顾客忠诚
	创新能力	新产品研发能力
		新产品的销售比率
		员工的培训

需要注意的是，根据上述评价指标体系的建立情况，在具体使用过程中还应注意以下几点：一是评价指标的选择。上述指标不是一成不变的，而是可以根据物资种类、供需市场状况等因素的不同进行相应调整，既简单易行又能真实反映出供应商之间的差别。二是评价指标权重的确定。这也是进行供应商评价的关键工作之一。与传统的根据经验确定权重相比，根据层次分析法、德尔菲法等运筹学方法来确定指标体系中的指标权重会更具科学性。三是定性指标分值的设定。应在充分征求专家及具体使用部门意见的基础上进行合理的划分。然后，根据战略供应商的目标数量与评价结果确定入选的战略供应商。

五、采购关键内容控制①

作为初创企业的管理者，肯定想以最少的成本获取最大的利润。如何做到呢？途径之一就是尽量做到最优化采购管理。而初创企业要实现最优采购管理，就要精准控制采购的战略成本、采购战略、采购流程、采购组织及与供应商的关

---

① 钱芝网. 影响战略采购成功实施的关键要素分析［J］. 商业经济与管理，2009（9）：11-16.

系等关键内容，达到企业整体采购的最优化效果。

（一）战略成本分析

战略采购的目的是要降低采购总成本，实现整体利益的最大化。因此，要成功实现战略采购，首先要对采购总成本进行分析，构建采购总成本模型，这是实施战略采购的基础。其次任何一个正确的采购决策都不仅仅只是单纯考虑商品的采购价格，建立采购总成本模型，还要考虑运输费用、质量成本、库存维护成本等。在战略总成本建模中，首先应当考虑的是采购品种的分类，即找出占80%采购成本的20%核心产品，考虑这类材料采购的数量、需求、规格、定价、供应商等采购管理类别，重点选择该类品种开展工作，建立供应商名单，对供应商进行调查。其次，通过深入分析原材料的供应市场，全面收集供应商的数据信息，初步拟定原材料的供应商名单，并通过数据分析、检验、调整和比较行业采购成本数据和绩效表现水平，在此基础上制定采购策略。可以说，总成本建模是战略采购中最重要的组织能力，为采购过程的一切活动（包括：从制定战略到简化设计、改善供应商的成本和降低采购成本）奠定了基础。

（二）采购战略分析

采购战略是企业根据其战略采购规划，运用现代管理技术，分析并整合企业的内外部资源，求得企业的资源需求与市场变化的平衡，确保企业获得稳定的、低成本的原材料和零部件供应的一系列策略措施的总称。合理的采购战略可以降低成本，形成核心竞争力，取得市场的领导地位。采购战略已成为企业根本战略的一个重要组成部分，并影响到整个企业的盈利。企业实施采购战略时，可采用下列采购战略。

一是采购量集中战略。主要做法有：减少供应商数目、跨业务单元的采购量整合、重新分配向各供应商采购的数量、集中不同采购集团的数量、与供应商建立联盟关系。

二是产品规格改进战略。主要做法有：配件标准化、寻找替代品、运用产品价值分析、分析使用的生命周期成本、建立长期供货关系。

三是最优价格评估战略。主要做法有：内部采购价格比较、重新谈判或压低价格、将价格拆解并分析供应商的成本模型、适度运用"退出威胁"、竞争性投标、在各潜在供应商内比较总成本、根据供应商的获利能力定价、建立长期供货关系。

四是联合程序改进战略。主要做法有：重组业务流程、整合优化物流管理、联合产品开发、建立长期供货关系、共享改进后的利益。

五是合作关系重整战略。主要做法有：分析核心能力、审核采用自行生产或采购的战略性决定、调整纵向整合的程度、设立合资企业、运用战略联盟或伙伴关系、建立或开发主要供应商。

六是全国或全球采购战略。主要做法有：拓展供应商的地理范围、寻找新的供应商、善用汇率波动、善用贸易奖励措施、善用反贸易、灵活运用二级供应商。

在设计采购战略的过程中，需要对上述战略进行全面、细致的分析与考虑，要根据采购对象的具体情况和市场供应状况分别采用或综合采用不同的采购战略，做到采购战略与采购类别的匹配。特别是，对不同的采购活动类别应实行差异化的采购策略，并分别优化操作流程，以使采购事务性工作量减少，工作效率大大提高，采购人员能有更多的时间关注价值驱动因素。

此外，初创企业在采购过程中还应实行标准合同管理。这是因为实行标准合同管理可以降低采购成本，促进产品质量的提高和稳定。

总而言之，如果采购战略运用不当，就会增加采购成本、降低采购速度，最终导致战略采购的价值不能实现。

（三）采购流程分析

采购流程是采购业务的操作程序。采购流程是否科学、合理，不仅影响采购的效率，而且会影响到采购品的质量和准确性。许多企业的采购部门与其他部门之间往往缺乏必要的沟通与衔接，不能通过与生产、销售、研发等部门事前的及时沟通，提前做好各项采购准备工作，只是坐等采购任务的下达，之后才开始付诸实施。由于每项采购活动都要预先经过层层审批才能进行，这样必然会影响采购的效率；再加上有时还要临时寻找供应商，这就造成了采购活动周期变长。应急性的、临时性的采购经常发生，导致采购部门总是在疲于奔命地买东西，根本没有时间做详细的市场调查，其结果就是对供应市场的状况和走势缺乏清晰的了解和判断，当然不可能做到战略采购了。至于采购中舍近求远、舍低就高的现象更是屡见不鲜。

由于采购周期通常都很长，企业为了保持生产的持续性和稳定性，不得不储备一定数量的物资以备不时之需，这就增加了库存成本。因此，有必要对采购业务流程进行整合。采购业务流程整合就是要加强相关部门之间的沟通，简化采购环节，节约采购时间，提高采购效率，使采购逐渐由程序化地、单纯地购买向前瞻性、跨职能部门转变。为此，一要建立采购信息系统。该系统应和企业的计划部门、生产部门、研发部门、销售部门、存储部门和财务部门连接，通过信息系统来共享库存零部件、生产领用料、销售计划、临时计划、物料需求计划等信息。二是将研发部门的临时采购计划纳入原材料和零部件需求计划中，理顺物料需求计划和临时采购计划之间的关系。三是要在广泛调研市场的基础上，结合企业实际情况，通过招标采购、电子采购等方式，扩大供应商选择视野，增强对关键外购件的议价能力，使采购价格趋于合理。四是让供应商参与企业的产品设计和新产品开发，以便利用供应商的专业技术优势缩短产品开发时间，并基于战略合作伙伴关系，相互公开成本信息，通过整合与供应商和客户的采购流程，降低整体运作成本，提高采购质量。五是采购部门要参与企业战略计划过程，并在做出战略选择时融入采购和供应链管理的思想，这样才能提高采购工作的前瞻性。

（四）采购组织分析

采购职能在企业中往往由专门设立的采购部独立承担。作为企业的一个职能部门，采购部往往相对独立地开展工作，与企业的其他部门如技术设计部门、生产施工部门、市场营销部门、财务管理部门等很少进行直接的沟通。采购部只关心物料的采购供应，保证生产不会因原材料的供应不上而停工待料，这就导致了企业库存的居高不下。特别是采购部门很少参与企业的研发工作，新产品的开发和供应往往由负责产品开发的技术部门来负责，采购部门只是被动地执行采购任务。因此采购部对于开发新产品、降低生产成本、改善产品品质缺乏必要的关心，这就造成了采购的高成本，采购品的质量也难以得到保证。

鉴于此，企业必须对采购组织进行改造，通过改造，将采购组织由企业的一个职能部门变为企业的一个流程部门。这一流程部门应包括采购部、技术设计部、生产制造部、产品研发部、销售部、IT 部，有时还要吸收供应商加入，由该组织对企业采购供应的质量、价格、总成本等负责。这样做使得采购组织能够主动与生产、研发、销售等部门进行沟通，能够随时了解生产的物料供应需求，提前主动地做好各项采购准备工作，提高采购效率，缩短采购周期。该流程部门由于吸收了供应商的加入，有利于改善和供应商的关系，能够争取到供应商的优惠价格，也能保证采购品的质量。另外，由于采购组织对企业的采购负全责，因此，整个企业的采购环节职责清晰，分工明确，减少了审批环节，既能缩短采购周期，又能调动采购部门员工的积极性和创造性。

另外，在战略采购过程中，企业还可组建由采购、需求等部门相关人员组成的跨职能的战略采购小组，来对战略采购活动进行协调。一方面采购策略变革本身是比较复杂的系统过程，企业中不同的角色对采购价值的定位不同，例如采购部门关注价格，而需求部门关注产品质量、方便使用、技术支持等。另一方面，战略采购价值的发掘需要进行总成本建模，关注供应市场分析、策略调整、交易质量跟踪以及综合绩效评估，而采购策略的实施过程也经常涉及规格、材质、加工过程等技术细节。

（五）供应商关系分析

企业与供应商之间的关系一般可分为四种。第一种是买卖关系，也称作达尔文式的竞争关系，供需双方随市场变化进行博弈，你输我赢。企业实行分散采购策略其实质就是这种关系的体现。第二种是稳定的供求关系，双方基于信任签订长期合同，并在技术、服务等方面进行比较深入的合作。这种关系使供需双方的交易成本降低，并减少了经营风险，因此很多企业将稳定合作关系作为采购管理工作的重心，并取得了一定的成效。但稳定合作关系有时是很脆弱的，其前提是假定双方的目标一致，一旦市场条件发生变化，或某方的关键利益点转移，将导致合作关系的大幅调整。第三种是合作伙伴关系，企业能够充分利用供应商的能力，双方在合作中都能得到不断的改进，获得共同发展，但这种合作伙伴关系仍然是一种利益博弈关系，不能做到长期共存与共赢。第四种是战略联盟关系。战略联盟是供求双方合作的高级形式，这种联盟是建立在供应链基础上的非常紧密的合作关系，合作双方实行技术共享、联合开发、战略协同，是一种超长期的，甚至是无限期的"命运共同体"圈。

需要指出的是，我们强调企业与供应商建立战略联盟，并不是指企业要与所有的供应商都建立战略联盟。由于各供应商自身核心能力的差异以及产品市场的特征不同，不可能所有的供应商都能对企业提供强大的战略支撑。因此，这里讲的建立战略联盟是指企业要与核心供应商建立战略联盟。

第三节　库存与库存管理

企业为了进行正常的生产经营活动，除了配置一定数量和质量的长期资产外，还需要保证一定数量和质量的库存。有计划地购入和销售库存中的商品是保证企业生产经营过程持续的必要条件。库存作为储藏物资的集聚地，它的存在势必会占用大量的流动资金。一般情况下，库存管理的水平直接关系到企业的资金占用水平以及资产的运作效率。因此，一个企业若要保持较高的盈利能力，应当十分重视库存管理，通过实施正确的库存管理方法，降低企业的平均资金占用水平，提高库存商品的流转速度和总资产周转率，最终提高企业的经济效益。那么，到底什么是库存呢？企业又可以通过哪些方式进行有效的库存管理呢？本节将阐述有关库存和库存管理的一系列问题。

一、概述

（一）库存

库存有时被译为"存贮"或"储备"，狭义的理解就是仓库中实际储存的货物，而广义的理解是指为了满足未来需要而暂时闲置的资源。人、财、物、信息等各方面的资源都有库存问题。

库存的分类形式有很多种，其中主要有以下几类（见图4-13）：

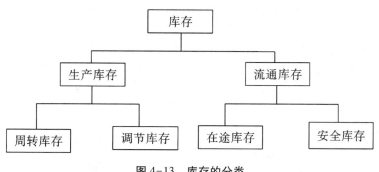

图4-13　库存的分类

其中，生产库存，是指直接消耗物资的基层企业、事业单位的库存物资。它是为了保证企业、事业单位所消耗的物资能够不间断地供应而储存的，包括周转库存和调节库存。周转库存是为了满足日常生产经营需要而保有的库存，其大小与采购量直接相关。企业为了降低物流成本或生产成本，需要批量采购、批量运输和批量生产，这样便形成了周期性的周转库存，这种库存随着每天的消耗而减少，当降低到一定水平时需要进行补充。调节库存是用于调节需求与供应的不均衡、生产速度与供应的不均衡以及各个生产阶段产出的不均衡而设置的库存。

流通库存，即生产企业的原材料或成品库存以及生产主管部门的库存和各级物资主管部门的库存。它包括在途库存和安全库存。在途库存是处于运输以及停放在相邻两个工作或相邻两个组织之间的库存，其大小取决于运输时间以及该期间内的平均需求。安全库存是为了防止不确定因素的发生（如供货时间延迟、库存消耗速度突然加快等）而设置的库存。安全库存的大小与库存安全系数或者说与库存服务水平有关。从经济性的角度看，安全系数应确定在一个合适的水平上。例如国内为了预防灾荒、战争等不确定因素的发生而进行的粮食储备、钢材储备、麻袋储备等，就是一种安全库存。

除上述两大种类之外，还有特殊形式的国家储备物资，它们主要是为了保证及时、齐备地将物资供应或销售给基层企业、事业单位的供销库存。随着经济的发展，以日本丰田为代表的企业提出了所谓"零库存"的观点。按照此观点，他们推行了准时化的生产方式，简称 JIT 系统。他们认为，库存即是浪费，零库存就是其中的一项高效库存管理的改进措施。

库存的作用在于防止生产中断，节省订货费用，改善服务质量，防止短缺。但是它也带有一定弊端，比如占用大量资金，会产生一定的库存成本，掩盖了企业生产经营中存在的问题。

（二）库存管理

库存管理是对制造业或服务业生产、经营全过程中的各种物品、产成品以及其他资源进行的管理和控制，使其储备保持在经济合理的水平上。库存管理是一个大系统，这个系统是企业生产、计划和控制的基础。它通过对仓库、货位等账务管理及出入库类型、出入库单据的管理，及时反映各种物资的仓储、流向情况，为生产管理和成本核算提供依据。通过库存分析，为管理及决策人员提供库存资金占用情况、

> **知识小贴士：**
>
> 在财务管理上，存货的范围比库存要大。存货不仅包括库存，还包括"低值易耗品""临时设施建设"等。存货是指企业在日常活动中持有以备出售的产成品或商品、处在生产过程中的在产品、在生产过程或提供劳务过程中耗用的材料、物料等。存货区别于其他资产的最基本的特征是，企业持有存货的最终的目的是出售。不论是可供直接销售，如企业的产成品、商品等；还是需经过进一步加工后才能出售，如原材料等。
>
> 存货管理是将厂商的存货政策和价值链的存货政策进行作业化的综合过程。仓库管理主要针对仓库或库房的布置、物料运输和搬运以及存储自动化等的管理。库存管理的对象是库存项目，即企业中的所有物料，包括原材料、零部件、在制品、半成品及产品，以及辅助物料。库存管理的主要功能是在供需之间建立缓冲区，达到缓和用户需求与企业生产能力之间、最终装配需求与零配件之间、零件加工工序之间、生产厂家需求与原材料供应商之间的矛盾。仓库管理的范围比库存管理的范围要大。

物资积压情况、短缺或超储情况、ABC 分类情况等不同的统计分析信息。通过对批号的跟踪，实现专批专管，保证质量跟踪的畅通。

库存管理的内容包括仓库管理和库存控制两个部分。仓库管理是指库存物料的科学保管，以减少损耗，方便存取；库存控制则是要求控制合理的库存水平，即用最少的投资和最少的库存管理费用，维持合理的库存，以满足使用部门的需求和减少缺货损失。

库存管理的方式有三种，分别为[①]：

（1）供应商管理库存。供应商管理库存在商品分销系统中的应用越来越广泛。有学者认为这种库存管理方式是未来发展的趋势，甚至认为这会导致整个配送管理系统的革命，而支撑这种理念的理论非常简单：通过集中管理库存和各个零售商的销售信息，生产商或分销商补货系统就能建立在真实的销售市场变化基础上，能够提高零售商预测销售的准确性、缩短生产商和分销商的生产和订货提前期，在链接供应和消费的基础上优化补货频率和批量。

（2）客户管理库存。这是一种和供应商管理库存相对的库存控制方式。很多人认为，按照和消费市场的接近程度，零售商在配送系统中由于最接近消费者，在了解消费者的消费习惯方面最有发言权，因此应该是最核心的一环，库存自然应归零售商管理。持这种观点的人认为，配送系统中离消费市场越远的成员就越不能准确地预测消费者需求的变化。

（3）联合库存管理。这是介于供应商管理库存和客户管理库存之间的一种库存管理方式，顾名思义，就是由供应商与客户共同管理库存，进行库存决策。它结合了对产品的制造更为熟悉的生产或供应商，同时也掌握了消费市场信息，能对消费者的消费习惯做出更快更准的反映，因此更能准确地对供应和销售做出判断。

库存管理的作用主要有：①在保证企业生产、经营需求的前提下，使库存量经常保持在合理的水平上；②随时掌握库存量动态，适时、适量提出订货，避免超储或缺货；③减少库存空间占用，降低库存总费用；④控制库存资金占用，加速资金周转。

我们会发现，库存管理的作用都是以库存的合理水平为基础的，那么，为什么要保证库存维持在一个合理的水平呢？原因如下：①存量过大会导致增加仓库面积和库存保管费用，而且会造成产成品和原材料的有形和无形损耗，从而增加了产品成本，同时占用了大量的流动资金，造成资金呆滞，既加重了货款利息等负担，又会影响资金的时间价值和机会收益，不利于企业管理水平的提高。②库存量过小会造成服务水平的下降，影响销售利润和企业信誉，对自身来说会造成生产系统的原材料或其他物料供应不足，影响生产过程的正常进行，同时会使订货间隔期缩短，订货次数增加，订货（生产）成本提高。因此，库存量的多少必须掌握适度定额和合理库存周转量。

---

①　曹长荣. 浅析现代企业采购成本与库存管理［J］. 中国集体经济，2014（9）：45-46.

案例：丰田公司的零库存

丰田汽车公司是继美国通用汽车公司后的世界汽车业巨头，也是世界上利润最高的企业之一。它创造出了一种独特的生产模式，被称为"丰田生产方式"。这种生产方式，简单地说，就是基于杜绝浪费的思想，追求科学合理的制造方法而创造出来的一种生产方式，也就是所谓的零库存计划。

丰田认为，正确的流程方能产生优异的成果，唯有流程稳定且标准化，方能谈持续改进。因此，他们不断改进工作流程，使其变成创造高附加值的无间断流程，尽力把所有工作计划中闲置或等候他人工作的时间减少到零。根据顾客实际领取的数量，经常补充存货，按顾客的需求每天变化，而不是依靠计算机的时间表与系统来追踪浪费的存货。使在制品及仓库存货减至最少，每项产品只维持少量存货。

丰田所谓的生产均衡化指的是"取量均值性"。假如后工程生产作业取量变化大，则前作业工程必须准备最高量，因而会产生高库存的浪费。所以，丰田要求各生产工程取量尽可能达到平均值，也就是前后一致，为的是将需求与供应达成平衡，降低库存与生产浪费。即时生产就是在生产流程下游的顾客需求的时候供应给他们正确数量的正确东西。材料的补充应该由消费量决定，这是即时生产的基本原则，也是丰田独创的生产管理概念。这里的自动化不仅是指机器系统的高品质，还包括人的自动化，也就是养成好的工作习惯，不断学习创新，争取在第一次生产流程中就达到优良品质，这是企业的责任。通过生产现场教育训练的不断改进与激励，使人员的素质越来越高，反应越来越快、越来越精确。

丰田模式改变了传统的由前端经营者主导生产数量的做法，重视后端顾客需求，后面的工程人员通过看板告诉前一项工程人员需求，比如零件需要多少，何时补货，亦即是"逆向"去控制生产数量的供应链模式，这种方式不仅能降低库存成本（达到零库存），更重要的是将流程效率化。

二、库存需求分析和预测

需求规律是库存管理中最关键的一个因素，毕竟库存管理的目的是为满足对物品的需求。如果能精准预测未来的需求，库存管理的绩效就会提升很多。那么怎样进行库存需求的分析和预测呢？企业都可以使用哪些方法来提升需求预测的准确性呢？本节就为大家解答这些疑问。

（一）库存需求分析

库存需求分析是指对现有经营活动的库存物资需求进行分析，也是对市场需求变化的分析。分析内容主要包括需求品种、需求数量、需求地点以及需求时间等内容。图4-14为库存需求分析资料。

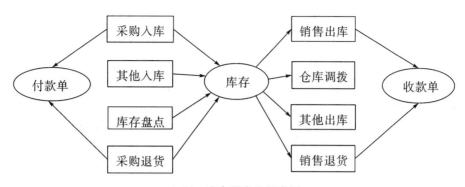

4-14 库存需求分析资料

如图4-14所示，库存管理者应建立仓库货品资料进行需求分析，时时关注物资动态，对物资入库与出库有及时地了解，使企业所需物品库存量经常保持在合理的水平上，并适时、适量地提出订货，做到既要保证企业生产不断货，又能减少库存管理费用，减少不必要的损耗。

（二）库存需求预测

库存需求预测就是对未来经营活动的库存物资需求的预测，也是对市场需求变化的预测。预测内容主要包括需求品种、需求数量、需求地点以及需求时间等内容。

库存需求预测的分类如图4-15所示。

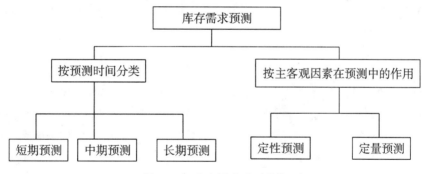

图4-15 库存需求预测分类

库存预测方法主要包括定性预测方法和定量预测方法。

1. 定性预测方法

定性预测方法也叫经验预测方法，是指预测人员通过对所掌握的物流市场情况的数据资料分析，结合自身的实践经验、主观分析以及直觉判断，对有关市场需求指标的变化趋势或未来结果进行预测的方法。常见的定性预测的方法有：一般人员意见预测法、市场调查法、德尔菲法等。

（1）一般人员意见预测法，又叫一般预测法，是逐步累加来自底层的预测，即将最低一级预测结果汇总后送至上一级（这一级通常为一个地区仓库）。地区仓库在考虑安全库存和其他影响订货量的因素后，再将这些数据传至更上一级，可能是区域仓库。以此类推，直到这些信息最后成为顶层输入，并由顶层做出预测。

（2）市场调查法。这是通过各种不同的方法（如问卷调查、面谈、电话访问等）收集数据，检查市场假设是否正确的预测法。常用于长期预测和新产品销售预测。这种方法可以预测顾客期望，能较好地反映市场需求情况，但是又很难获得顾客的通力合作，并且顾客期望不等于实际购买，期望容易发生变化，导致预测不准确。

（3）德尔菲法。这种方法通常由 5~10 名专家作为决策人员，让他们在互不通气的情况下对需求做出实质性预测。使用德尔菲的原则包括：①匿名性，即对被选择的专家要保密，不让他们彼此通气，使他们不受权威、资历等方面因素的影响；②反馈性，即一般的征询调查要进行三至四轮，要给专家提供充分的反馈意见的机会；③收敛性，即经过数轮征询后，专家们的意见会相对集中，趋向一致，若个别专家有明显不同的观点，应要求其详细说明理由。

2. 定量预测方法

定量预测，也叫统计预测方法，是建立在对数据资料的大量、准确和系统地占有的基础上，然后应用数学模型和统计方法对有关预测指标的变化趋势和未来结果进行预测的方法。定量分析的科学理论性较强，逻辑推理缜密，预测结果也较有说服力，但是预测花费的成本较高，而且需要较高的理论基础，因而应用起来受到的限制较多。

（1）季节性预测法，这是把历史数据综合在一起，计算出不同季节周期性变化的趋势，即每个时段的实际值占整个周期总量的比例，利用这个比例系数进行季节性预测。即：

季节预测值=年度预测值×季节指数

（2）线性回归预测法，也叫最小二乘法，就是找出预测对象（因变量）与影响预测对象的各种因素（自变量）之间的关系，并建立相应的方程式，然后带入自变量的数值，求得因变量的方法。即先根据 X、Y 现有的实际数据和统计资料，把 X、Y 作为已知数，寻找合适的 a、b 回归系数，并根据回归系数来确定回归方程，然后带入 X 的值，求出预测值 Y。

计算方法：设 X、Y 两个变量满足一元线性回归：

$Y = a + bX$

其中，X 为自变量，Y 为因变量或预测量。a、b 为回归系数。

现有数据资料，X_i 和 Y_i（$i=1, 2, 3, \cdots, n$），经整理可得到回归系数 a、b 为：

$$a = \frac{1}{n} \sum_{i=1}^{n} Y_i$$

$$b = \frac{n \sum_{i=1}^{n} X_i Y_i - \sum_{i=1}^{n} Y_i \sum_{i=1}^{n} X_i}{n \sum_{i=1}^{n} X_i{}^2 - \left(\sum_{i=1}^{n} X_i \right)^2}$$

（3）时间序列预测法，这是按一定的时间间隔和时间发生的先后顺序排列起来的数据构成的序列。它是在假设未来预测数据依赖于过去的数据资料的前提条件下产生的，即某种变量之间的发展变化是有规律的，根据现在的变量，可以测算出将来的变量，也就是说，未来预测数据是前面实际发生数据的延续。时间序列法包括移动平均法和指数平滑法。

移动平均法是取最近时期库存量的平均值进行库存需求预测的方法，"移动"是指参与平均的实际值随预测期的推进而不断更新。移动平均法可分为一次移动平均法和加权移动平均法。

指数平滑法只需要本期的观测值和本期的预测值就可以预测下一期的数据。适用于数据量较少的短期预测。

三、库存订货量的确定

库存的需求分析可以看出哪些商品热销、哪些商品滞销、哪些物资需要供应等问题，其基本目的就是明确何时需要备货，需要备何种货，哪些滞销的货需要退或者打折处理等。而库存需求预测的基本目的就是确定库存订货量。那么，都有哪些确定库存订货量的方法呢？

（一）经济订货量的确定（EOQ）

经济订货批量（Ecomomics Order Quantity，EOQ），是通过平衡采购进货成本和保管仓储成本核算，以实现总库存成本最低的最佳订货量。经济订货批量是固定订货批量模型的一种，可以用来确定企业一次订货（外购或自制）的数量。当企业按照经济订货批量来订货时，可实现订货成本和储存成本之和最小化。

对于需求速率稳定、多周期连续性的需求，控制其库存水平需要确定补货的频率和定期补货的数量。这是一个成本平衡的问题，也就是说要找到采购订货成本和库存持有成本之间最佳的结合点。图 4-16 为 EOQ 模型示意图。

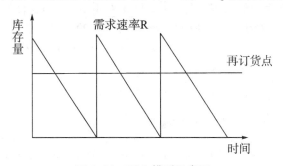

图 4-16　EOQ 模型示意图

1913 年，福特·哈里斯建立了最佳订货量模型，就是众所周知的基本经济订货批量公式。

EOQ 模型的基本假设如下：①需求量确定不变，并且需求速率是均衡的，为常数 R；②提前期已知并固定；③货物集中入库，而不是陆续入库；④不允许缺货；⑤采购价格、运输成本等，不随订货批量和时间的变化而变化；⑥没有在途库存；⑦只订一种货物，或者各个货物之间无相关的关系；⑧不存在资金使用的限制。

由以上的假设可知，简单 EOQ 模型只考虑两种基本类型的成本：库存持有成本和订货（准备）成本。由图 4-17 可知，库存持有成本是随着订货批量的增加而线性增加的，但是订货成本却随之减少，因此简单 EOQ 模型就是要在这两种成本中做出权衡，使总成本最小的订货批量为最优订货批量。

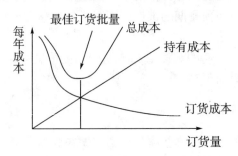

图 4-17　成本与订货量关系图

计算公式为：$EOQ = \sqrt{2DS/H}$

最佳订货点 $RL = (D/52) \times LT$

其中，D 是指年订货量，S 是指单位订货费，H 是指仓储费用；LT 是订货提前期。

例：A 公司以单价 10 元每年购入某种产品 8 000 件，每次订货费用为 30 元，资金年利息率为 12%，单位维持库存费按所库存货物价值的 18% 计算，若每次订货的提前期为 2 周，试求经济生产批量、最低年总成本、年订货次数和订货点。

解：已知单价 $P = 10$ 元/件，年订货量 $D = 8\,000$ 件，单位订货费即调整准备费 $S = 30$ 元/次，单位维持库存费由两部分组成，一是资金利息，二是仓储费用，即 $H = 10 \times 12\% + 10 \times 18\% = 3$ 元/件，订货提前期 LT 为 2 周。

经济批量 $EOQ = \sqrt{2DS/H} = \sqrt{2 \times 8\,000 \times 30/3} = 400$（件）

最低年总费用 $= P \times D + (D/EOQ) \times S + (EOQ/2) \times H$
$$= 800 \times 10 + (8\,000/400) \times 30 + (400/2) \times 3 = 81\,200（元）$$

年订货次数 $n = D/EOQ = 8\,000/400 = 20$

订货点 $RL = (D/52) \times LT = 8\,000/52 \times 2 = 307.7$（件）

（二）经济生产批量（EPQ）的确定

经济生产批量又称经济制造量（Economic Production Quantity，EPQ）。由于生产系统调整准备时间的存在，在补充成品库存的生产中有一个一次生产多少是最经济的问题，这就是经济生产订货量。在经济订货批量模型中，相关成本最终确定为两项，即变动订货成本和变动储存成本，在确定经济生产批量时，以生产准备成本替代订货成本，而储存成本内容不变。

经济生产批量模型的假设条件为：①对库存系统的需求率为常量；②一次订货量无最大最小限制；③采购、运输均无价格折扣；④订货提前期已知，且为常量；⑤用生产准备费用替代采购中的订货费用；⑥维持库存费是库存量的线性函数；⑦不允许缺货，需要连续补充库存。

经济生产订货量的计算公式为：

$$Q_P = \sqrt{2DS/H(1-d/p)}$$

P 为生产率；d 为需求率（$d<P$）；Q 为生产批量；RL 为订货点；LT 为生产提前期，D 为年总需求量，TC 为年总成本，S 为每次生产的生产准备费，H 为单位货物每年的存储成本。

例：根据预测，市场每年对 x 公司的产品需求量为 10 000 个。一年按 250 个工作日计算，平均日需求量为 40 个。该公司的日生产量为 80 个，每次生产准备费用为 100 元，每年单位产品的库存费用是 4 元。试确定其经济生产批量。

解：由公式可得，经济生产订货量

$$Q_P = \sqrt{2DS/H(1-d/p)} = \sqrt{2 \times 10\,000 \times 100/4 \times (40/80)} = 1\,000 \ (个)$$

在上述的经济生产批量 Q_P 中，有两个特例：

（1）当 $P>0$ 或 $d=0$ 时，$QP = \dfrac{2DS}{H}$，这是基本的 EOQ 模型，可见 QP 具有一般性。

（2）当 $P=d$ 时，$QP=\infty$，这对应的是大量生产方式。

（三）一次性订货量的确定

一次性订货量是指在一个时期内仅仅采购一次货或仅能安排一次批量生产物资的库存量。它适用于某种时限性极短的物资需求。它与 EOQ 的不同之处在于：一次性订货物资的需求不是连续的，不同时期的一次性需求物资的数量可能存在较大的变化；由于物资的陈旧、易腐等原因使一次性订货物资的市场寿命较短。一次性订货量有两种确定方式。

1. 已知需求量和前置时间

例 1：如表 4-6 所示。

表 4-6

需求量	100	200	300
前置时间	5 天	8 天	10 天

若某公司 10 月 15 日需要货物 100 件，则在什么时间订货？需要 300 件呢？

解：由表 4-6 可知，若需要量为 100 件，则需要提前 5 天，由此可知，应该在 10 月 10 日订货，若需要 300 件，则需要提前 10 天预订，即应该在 10 月 5 日订货。

2. 已知需求量和可变前置时间

例：某花店准备在元旦期间向市场供应盆景——金橘，已知某批发商供应盆景——金橘的前置时间的概率分布如表 4-7 所示。

表 4-7

前置时间	10	11	12	13	14	15	16
概率	0.1	0.1	0.15	0.2	0.3	0.1	0.05
P	0.1	0.2	0.35	0.55	0.85	0.95	1

（1）若该花店不允许缺货，则如何订货？

答：应提前 16 天订货，在 12 月 15 日之前发出订单。

（2）如果要求盆景——金橘按时到达的概率不小于 85%，则如何订货？

答：应提前 14 天订货，在 12 月 14 日之前发出订单。

（四）安全库存量的确定

安全库存量的大小，主要由顾客服务水平（或订货满足）来决定。所谓顾客服务水平，就是指对顾客需求情况的满足程度，公式表示如下：

顾客服务水平（5%）= 年缺货次数/年订货次数

顾客服务水平（或订货满足率）越高，说明缺货发生的情况越少，从而缺货成本就较小，但因增加了安全库存量，导致库存的持有成本上升；而顾客服务水平较低，说明缺货发生的情况较多，缺货成本较高，安全库存量水平较低，库存持有成本较小。因此必须综合考虑顾客服务水平、缺货成本和库存持有成本三者之间的关系，最后确定一个合理的安全库存量。

安全库存量的计算，将借助于数量统计方面的知识，对顾客需求量的变化和提前期的变化做一些基本的假设，从而在顾客需求发生变化、提前期发生变化以及两者同时发生变化的情况下，分别求出各自的安全库存量。

1. 需求发生变化，提前期为固定常数的情形

在这种前提下，我们可以直接求出需求分布的均值和标准差。也可以用期望预测的方法，确定需求的期望均值和标准差。这种方法的优点是能够让人容易理解。

当提前期内的需求状况的均值和标准差一旦被确定，利用下面的公式可获得安全库存量 SS。

$SS = Z \times SQRT(L) \times STD$

其中：STD 是在提前期内需求的标准方差；L 是提前期的长短；Z 是一定顾客服务水平需求化的安全系数。

例：某饭店的啤酒平均日需求量为 10 加仑，并且啤酒需求情况服从标准方差为 2 加仑/天的正态分布，如果提前期是固定的常数 6 天，试问满足 95% 的顾客满意的安全库存存量的大小是多少？

解：由题意知，$STD = 2$ 加仑/天，$L = 6$ 天，$F(Z) = 95\%$，则 $Z = 1.65$

从而：$SS = Z \times SQRT(L) \times STD = 1.65 \times 2 \times SQRT(6) = 8.08$

即在满足 95% 的顾客满意度的情况下，安全库存量是 8.08 加仑。

2. 提前期发生变化，需求为固定常数的情形

如果提前期内的顾客需求情况是确定的常数，而提前期的长短是随机变化的，在这种情况下：

$$SS = Z \times STD2 \times d$$

其中：$STD2$ 是提前期的标准差；Z 是一定顾客服务水平需求化的安全系数；d 是提前期内的日需求量。

例：如果在上例中，啤酒的日需求量为固定的常数 10 加仑，提前期是随机变化的，而且服务均值为 6 天、标准方差为 1.5 的正态分布的，试确定 95% 的顾客满意度下的安全库存量。

解：由题意知：$STD2 = 1.5$ 天，$d = 10$ 加仑/天，$F(Z) = 95\%$，则 $Z = 1.65$，从而：$SS = Z \times STD2 \times d = 1.65 \times 10 \times 1.5 = 24.75$

即在满足 95% 的顾客满意度的情况下，安全库存量是 24.75 加仑。

3. 需求情况和提前期都是随机变化的情形

在多数情况下，提前期和需求都是随机变化的，此时，我们假设顾客的需求和提前期是相互独立的，则 SS 为

$$SS = Z \times SQRT(STD \times STD \times L + STD2 \times STD2 \times D \times D)$$

其中：Z 是一定顾客服务水平下的安全系数；$STD2$ 为提前期的标准差；STD 为在提前期内，需求的标准方差；D 为提前期内的平均日需求量；L 为平均提前期水平。

例：如果在上例中，日需求量和提前期是相互独立的，而且它们的变化均严格满足正态分布，日需求量满足均值 10 加仑、标准方差为 2 加仑的正态分布，提前期满足均值为 6 天、标准方差为 1.5 天的正态分布，试确定 95% 的顾客满意度下的安全库存量。

解：由题意知，$STD = 2$ 加仑，$STD2 = 1.5$ 天，$D = 10$ 加仑/天，$L = 6$ 天，$F(Z) = 95\%$，则 $Z = 1.65$，从而：

$$SS = 1.65 \times SQRT(2 \times 2 \times 6 + 1.5 \times 1.5 \times 10 \times 10) = 26.04$$

即在满足 95% 的顾客满意度的情况下，安全库存量是 26.04 加仑。

四、库存管理方法

一般来说，企业的库存商品种类繁多，且每个品种的价格与库存数量也不等，有的商品品种很多，可价值却不大；有的商品品种不多，可价值却很大。由于企业的资源总是有限的，如果对所有库存商品给予相同程度的重视和管理是非常困难的，也是不经济的。为了使有限的时间、资金、人力等企业资源得到更有效的利用，企业必须选择适合自己的库存管理办法。那么企业可供选择的库存管理办法有哪些呢？

（一）ABC 分类管理法

ABC 分类管理法又叫 ABC 分析法，它是现代企业库存管理中应用最为广泛的一种方法。它是以某类库存商品的品种数占库存商品总数的百分数和该类商品

金额占库存商品总金额的百分数大小为标准，将库存商品分为 A、B、C 三类，进行分级管理。它的基本原理是：对企业库存商品按其重要程度、价值高低、资金占用或消耗数量进行分类、排序，一般 A 类商品数目占全部库存商品的 10% 左右，而其消耗金额（商品的年消耗量×它的单价）占总金额的 70% 左右；B 类商品数目占全部库存货物的 20% 左右，而其金额占总金额的 20% 左右；C 类商品数目占全部库存货物的 70% 左右，而其金额占总金额的 10% 左右。这样就能分清主次，抓住重点，并分别采用不同的控制方法。

ABC 分类的标准是库存中各品种商品每年消耗的金额。通常来说，A 类商品是库存的重点，具有品种少、价格高，并且多为经营的关键、常用商品。A 类商品一般采取连续控制的方式，即随时检查库存情况，一旦库存量下降到一定水平，就要及时订货。它一般采用定期订货，每次订货量以补充目标库存水平为限。一般来说，批发商可以从四个方面加强 A 类商品的管理。

第一，进货要勤。对于 A 类商品来说，批发商应尽可能降低每次进货的批量，要力争勤进货、少进货；进了就出、出了再进。

第二，要与客户密切联系，要及时了解他们的需求动向。批发商必须对自己的货物需求进行客观的分析，要弄清楚哪些是日常需要的、哪些是集中消耗的。因为后者是大批量的冲击需求，应掌握其需求时间，需求时再进货，不要过早进货造成积压。

第三，要尽可能使安全库存量减少。批发商必须对库存量变化要求严密监视，当库存量降低到报警点时，要立即行动，采取预先考虑好的措施，将缺货成本控制为零。

第四，与供应商密切联系。要提前了解合同的执行情况、运输情况等。要协商各种紧急供货的互惠方法，包括经济上的补贴办法。

C 类库存商品由于库存品种多、价值低或年需要量较多，可按其库存总金额控制库存水平。对于 C 类商品一般采用比较粗放的定量控制方式。可以采用较大的订货批量或经济订货批量进行订货。B 类库存商品介于 A 类和 C 类库存商品之间，可采用一般控制方式，并按经济订货批量进行订货。

例：某企业保持有 10 种商品的库存，有关资料如表 4-8 所示。为了对这些库存商品进行有效的控制和管理，该企业打算根据商品的投资大小进行分类。

（1）请选用 ABC 分析法将这些商品分为 A、B、C 三类。

（2）给出 A 类库存物资的管理方法。

表 4-8　　　　　　　　　　　某企业库存资料

商品编号	单价（元）	库存量（件）
a	4.00	300
b	8.00	1 200
c	1.00	290
d	2.00	140
e	1.00	270

表4-8(续)

商品编号	单价（元）	库存量（件）
f	2.00	150
g	6.00	40
h	2.00	700
i	5.00	50
j	3.00	2 000

解：（1）ABC 分类管理方法原理：

A 类：资金金额占总库存资金总额的 60%~80%，品种数目占总库存品种总数的 5%~20%；

B 类：资金金额占总库存资金总额的 10%~15%，品种数目占总库存品种总数的 20%~30%；

C 类：资金金额占总库存资金总额的 0~15%，品种数目占总库存品种总数的 60%~70%。

根据已知数据，按照商品所占金额从大到小的顺序排列（首先要把 10 种商品各自的金额计算出来），计算结果如表 4-9 所示。

表 4-9

商品编号	单价（元）	库存量（件）	金额（元）	金额累计（元）	占全部金额的累计比例(%)	占全部品种的累计比例(%)
b	8.00	1 200	9 600	9 600	48.4	10
j	3.00	2 000	6 000	15 600	78.7	20
h	2.00	700	1 400	17 000	85.7	30
a	4.00	300	1 200	18 200	91.8	40
f	2.00	150	300	18 500	93.3	50
c	1.00	290	290	18 790	94.8	60
d	2.00	140	280	19 070	96.2	70
e	1.00	270	270	19 340	97.5	80
i	5.00	50	250	19 590	98.8	90
g	6.00	40	240	19 830	100	100

根据以上表格的计算结果，按照 ABC 分类管理的方法，可以对此企业的库存如下分类（见表 4-10）：

表 4-10

分类	每类金额(元)	库存品种数百分比（%）	占用金额百分比（%）
A 类：b，j	15 600	20	78.7
B 类：h，a	2 600	20	13.1
C 类：f，c，d，e，i，g	1 630	60	8.2

（2）对于 A 类库存，即对 b 和 j 两种商品，企业需对它们定时进行盘点，详细记录及经常检查分析货物使用、存量增减和品质维持等信息，加强进货、发货、运送管理，在满足企业内部需要和顾客需要的前提下，维持尽可能低的经常库存量和安全库存量，加强与供应链上下游企业合作来控制库存水平，既要降低库存，又要防止缺货，加快库存周转。

（二）定量订货管理法

定量订货法是指当库存量下降到预定的最低库存数量时，按规定数量进行订货补充的一种库存管理方式。它的原理是预先设定一个订货点 Q_k，在销售过程中连续地检查库存，当库存水平降到 Q_k 时，就发出一个订货批量 $Q*$，一般取经济订购批量 EOQ。采用定量订货管理法需要两个参数：一个是订货点；另一个是订货数量，即经济批量 EOQ。

订货数量的确定在第三节已经讲过，这里不再赘述。这部分主要讲述订货点的确定。订货点是指发出订货时仓库里该品种保有的实际库存量。订货点的确定有如下两种方式：

（1）需求量和订货提前期都已确定，此时不需要设置安全库存，可直接求出订货点，公式如下：

订货点 = 订货提前期的平均需求量 = 每天需求量×订货提前期（天）

= （全年需求量/360）×订货提前期（天）

例：已知某种物资平均每月需用量 300 件，进货提前期为 8 天，则订购点是多少？

订货点 = 300/30×8 = 80（件）

（2）需求量和订货提前期都不确定，此时设置安全库存是非常必要的。公式如下：

订货点 = 订货提前期的平均需求量 + 安全库存

= （单位时间的平均需求量×最大订货提前期）+ 安全库存

安全库存需要用概率统计的方法求出，公式如下：

安全库存 = 安全系数×$\sqrt{最大订货提前期×需求变动量}$

式中安全系数可根据缺货概率查安全系数表得到；最大订货提前期可根据以往数据得到；需求变动值可用下列方法求得：

需求变动量 = $\sqrt{\dfrac{(y_i - y_a)^2}{n}}$

其中：y_i 是实际需求量；y_a 是平均需求量。

例：某商品在过去的三个月中的实际需求量分别为：一月份 110 箱，二月份 150 箱，三月份 127 箱。最大订货提前期为 2 个月，缺货概率根据经验统计为 5%，求该商品的订货点。（缺货概率 5% 对应的安全系数为 1.65）

解：平均月需求量 = （110+150+127）/3 = 129（箱）

需求变动值 = $\sqrt{\dfrac{(110 - 129)^2 + (150 - 129)^2 + (127 - 129)^2}{3}}$ = 16.39

安全库存＝1.65×$\sqrt{2}$×16.39＝54.09＝55（箱）

订货点＝129×2＋55＝313（箱）

采用定量订货法的优势在于：

第一，手续相对简便，便于管理。通常来说，控制参数一经确定，则实际操作就变得非常简单了。实际工作中很多公司往往采用"双堆法"来处理。所谓双堆法，就是将某商品库存分为两堆：一堆为经济库存；另一堆为订货点库存，当消耗完订货点库存就开始订货，并使用经济库存，不断重复操作。这样可以减少经济库存盘点的次数，方便可靠。

第二，当订货量确定后，商品的验收、入库、保管和出库业务可以利用现有规格化器具和计算方式，有效地节约搬运、包装等方面的作业量。

第三，充分发挥了经济批量的作用，可降低库存成本，节约费用，提高经济效益。

采用定量订货法的不足之处有：①物资储备量控制不够严格；②要随时掌握库存动态，严格控制安全库存和订货点库存，占用了一定的人力和物力；③订货模式灵活性小，订货时间难以预先确定，对于人员、奖金、工作业务的计划安排不利；④受单一订货的限制，不适应实行多品种联合订货的方式。

（三）定期订货管理法

定期订货法是按预先确定的订货时间间隔进行订货补充库存的一种管理方法。企业根据过去的经验或经营目标预先确定一个订货间隔期间，如每隔三天订货一次，或每隔一个月订货一次，而每次订货数量根据实际需要都有所不同。因此，定期订货法是一种基于时间的订货控制方法，它通过设定订货周期和最高库存量，来达到库存量控制的目的。只要订货间隔期和最高库存量控制合理，就能实现既保障需求、合理存货，又可以节省库存费用的目标。

定期订货法的原理是预先确定一个订货周期和最高库存量，周期性地检查库存，根据最高库存量、实际库存量、在途库存量和待出库商品数量计算出每次订货批量，发出订货指令，组织订货。定期订货法的决定参数有三个，即订货周期、最高库存量和订货批量。

1. 订货周期 T 的确定

在定期订货法中，订货点实际上就是订货周期，其间隔时间总是相等的。它直接决定了最高库存量的大小，即库存水平的高低，进而也决定了库存成本的多少。从费用的角度出发，如果要使总费用达到最小，可以采用经济订货周期的方法来确定。假设以年为单位，根据年采购成本＝年保管成本。

即：$C/T = T \times R/2 \times K$

$$T = \sqrt{\frac{2C}{KR}}$$

其中：T 为经济订货周期；C 为单次订货成本；K 为单位商品年储存成本；R 为单位时间内库存商品需求量。

例：某仓库 A 商品年需求量为 16 000 箱，单位商品年保管费用为 20 元，每次订货成本为 1 600 元，用定期订货法求经济订货周期 $T*$。

解：$T* = \sqrt{\dfrac{2C}{KR}} = 1/10$（年）$= 36$（天）

2. 最高库存量 $Q max$ 的确定

定期订货法的最高库存量是用以满足（$T+Tk$）期间内的库存需求的，所以我们可以用（$T+Tk$）期间的库存需求量作为基础，考虑到为随机发生的不确定库存需求，再设置一定的安全库存。公式如下：

$$Q max = R（T+Tk）+Qs$$

其中：$Q max$ 是最高库存量；R 是（$T+Tk$）期间的库存需求量平均值；T 是订货周期；Tk 是平均订货提前期；Qs 是安全库存量。

3. 订货批量的确定

定期订货法每次的订货数量是不固定的，订货批量的多少都是由当时的实际库存量的大小决定的，考虑到订货点时的在途到货量和已发出出货指令尚未出货的待出货数量，则每次订货的订货量的计算公式为：

$$Qi = Q max - Q_{Ni} - Q_{Ki} + Q_{Mi}$$

式中：Qi 是第 i 次订货的订货量；$Q max$ 是最高库存量；Q_{Ni} 是第 i 次订货点的在途到货量；Q_{Ki} 是第 i 次订货点的实际库存量；Q_{Mi} 是第 i 次订货点的待出库货物数量。

例：某仓库 A 商品订货周期为 18 天，平均订货提前期为 3 天，平均库存需求量为每天 120 箱，安全库存量 360 箱。另某次订货时在途到货量 600 箱，实际库存量 1 500 箱，待出库货物数量 500 箱，试计算该仓库 A 商品最高库存量和该次订货时的订货批量。

解：$Q max = R（T+Tk）+Qs = 120（18+3）+360 = 2 880$（箱）

$Qi = Q max - Q_{Ni} - Q_{Ki} + Q_{Mi} = 2 880 - 600 - 1 500 + 500 = 1 280$（箱）

（四）其他库存管理法

及时制（Just In Time，简称 JIT），是由日本丰田汽车公司在 20 世纪 60 年代实行的一种生产方式。1973 年以后，这种方式对丰田公司渡过第一次能源危机起到了关键的作用，后引起其他国家生产企业的重视，并逐渐在欧洲和美国的日资企业及当地企业中推行开来。现在这一方式与源自日本的其他生产、流通方式一起被西方企业称为"日本化模式"。其中，日本生产、流通企业的物流模式对欧美的物流产生了重要影响，近年来，JIT 不仅作为一种生产方式，也作为一种物流模式在欧美物流界得到推行。

JIT 库存控制法，也可译为精炼管理法。JIT 作为一种管理哲理和管理思想，在库存控制中主要应用于订货管理，即采购管理中形成的一种先进的采购模式——准时化采购。它的基本思想是：在恰当的时间、恰当的地点，以恰当的数量、恰当的质量提供恰当的商品。JIT 采购不但可以减少库存，还可以加快库存周转，缩短提前期，提高进货质量，取得满意的交货效果。

JIT 指的是，将必要的零件以必要的数量在必要的时间送到生产线，并且只将所需要的零件、只以所需要的数量、只在正好需要的时间送到生产。这是为适应 20 世纪 60 年代消费需要变得多样化、个性化而建立的一种生产体系及为此生产体系服务的物流体系。

JIT 是一种生产方式，但其核心是消减库存，直至实现零库存，同时又能使生产过程顺利进行。这种观念本身就是物流功能的一种反映，而 JIT 应用于物流领域，就是指要将正确的商品以正确的数量在正确的时间送到正确的地点，这里的"正确"就是"JUST"的意思，既不多也不少、既不早也不晚，刚好按需要送货。这当然是一种理想化的状况，在多品种、小批量、多批次、短周期的消费需求的压力下，生产者、供应商及物流配送中心、零售商者要调整自己的生产、供应、流通流程，按下游的需求时间、数量、结构及其他要求组织好均衡生产、供应和流通，在这些作业内部采用看板管理中的一系列手段来削减库存，合理规划物流作业。

在此过程中，无论是生产者、供应商还是物流配送中心或零售商，均应对各自的下游客户的消费需要做精确的预测，否则就用不好 JIT，因为 JIT 的作业基础是假定下游需求是固定的，即使实际上是变化的，但通过准确的统计预测，能把握下游需求的变化。

（五）库存管理方法的选择

面对目前不断完善的库存管理方法，企业要根据自身的实际情况选择库存管理方法，将切实可行的库存管理技术和方法应用到实际工作中，实现合理控制库存和有力保障生产科研需求的双赢格局。

选择适合企业自身情况的库存管理办法时，需要注意的一点是，企业在实施库存管理方法时，一定要根据自身情况选择适当类型的库存管理方法，避免陷入贪大求全的误区，要充分认识企业规模和自身的行业特点，不仅如此，还需充分考虑产品成本和实施成本，选择最符合实际应用的库存管理方法。

而库存管理方法可以让企业客户服务人员与客户协同工作，实现全方位为客户提供交互服务和收集客户信息，实现多种客户交流渠道的集成，使各种渠道信息相互流通，保证企业和客户都能得到完整、准确、一致的信息。

五、削减库存

库存过多会给企业带来各种各样的风险，比如：它会使易腐烂的商品变质，同时占用了仓库空间，造成员工劳动力的浪费（需要投入更多的人进行货物管理和搬运）等。因此，各个企业要想提升企业竞争力，就要最大限度地削减库存。

（一）削减库存的步骤

一个好的库存等于好的订货，要想实现好的库存，合理的订货，就要做到：第一，根据实际销售量对长期性单品进行严格的订货；第二，根据历史，记录下促销订单（保存所有的促销计划）；第三，对特殊季节性及促销单品变更的大量订货确认。

一个好的库存还等于定期跟踪。跟踪什么呢？跟踪库存每天的变化和对于高库存所采取的行动计划。那么如何处理库存过高问题？第一，把商品从仓库中取出，放在卖场中销售；第二，在货架上重新开始做促销；第三，循环使用入口处的货架、促销通道，每日促销；第四，退货给供应商；第五，甩卖或做报损。

处理库存有五大法宝：①根据历史记录下订单（促销计划）；②在海报结束之前预计促销结果，知道哪些单品库存过高，预计这些单品的解决办法并跟踪它们的库存变化；③检查每天的库存变动；④每周至少去一次仓库；⑤至少和员工做一次关于库存处理的总结。

综上所述，削减库存的步骤如下：

第一，对企业的物资库存有整体的了解，包括产成品、在制品等一系列库存。

第二，对库存量过大、暂时闲置的资源进行处理。比如，采取促销、折价销售等处理办法减少现有库存。

第三，根据实际销售量对商品制定严格的订货。比如，可采用按订单生产，从源头上减少库存。

（二）以生产部门为核心的库存削减活动

库存量过大会产生一系列问题，如增加仓库面积和库存保管费用，从而增加了产品成本，同时占用大量的流动资金，造成资金呆滞，既加重了货款利息等负担，又会影响资金的时间价值和机会收益；掩盖了企业生产、经营全过程的各种矛盾和问题，不利于企业提高管理水平等。任何企业都会存在不同程度的库存过量的问题，企业要想提高市场竞争力，必须从源头上进行削减库存，即从生产部门入手减少生产量，从而达到削减库存的目的。那么如何在生产部门削减库存呢？主要通过以下几种方法：

（1）减少生产批量。即少生产目前不需要的品种、产品数量等，避免出现产品积压，企业可以实行按订单生产的策略，即先接单再生产，从而减少多余产品的库存量。

（2）减少两道工序之间的在制品数量。尽量紧凑两道工具之间的生产运转，即一道工序生产出在制品后，立刻转入下一道工序生产，从而减少在制品的库存。

（3）减少搬运次数，缩短搬运距离。即缩短设备与设备之间的距离，避免在中间搬运过程中出现在制品、产成品等损坏，增加半成品库存量。

（4）缩短加工时间。加工时间缩短，即产品周转率提高，周转越快，库存量越小。

（5）降低不合格品。在产品生产过程中，加工人员要时刻注意机器设备的运转情况、产成品的质量情况等，要时刻保持警惕，加强安全监管力度，减少次品增加数。

（6）减少设备故障。设备故障可能造成一切生产活动停止，此时的在制品、半成品等必然要转入仓库，增加库存量，所以减少设备故障是削减库存的关键环节。

第五章　营销管理

目前，全球产业正处在剧烈的转型期，消费者需求复杂多变，企业利润逐渐减少。在这种情况下，如何在企业生产与消费者需求之间找到合适的接触点成为营销制胜的关键。很多人都说，营销就是销售，就是去卖东西。事实真的是这样吗？你又是怎样看待营销管理的呢？

第一节　营销管理概论

一、市场和市场营销

古语云"日中为市，致天下之民，聚天下之货，交易而退，各得其所。"即是说市场是商品交换的场所。从市场营销的角度来分析的话，市场是商品经济中生产者与消费者之间为实现产品或服务价值的场所，它是支撑需求的交换关系、交换条件和交换过程的载体。只有消费者、生产者和促成交换双方达成交易的各种条件（如法律保障、时间、空间、信息等）这三个要素同时存在，才会有市场的存在。

市场营销（Marketing），有人也叫它企业营销。因为 Marketing 一般来说都是以企业作为出发点，对市场这个客体进行营销。当然，生产者（包括自身和其他生产者）和交换条件也是营销的客体。这里采用菲利普·科特勒对市场营销的定义：通过创造和交换产品及价值，从而使个人或群体满足欲望和需要的社会过程和管理过程。

通过这个定义，我们发现营销的核心是交换。通过交换这一活动使交易双方的需求得到满足。从识别市场需求、产品和服务的设计、产品价格的制定、产品的生产和包装、渠道的分配和控制、渠道终端的销售环节乃至售后服务，每一个环节都是营销，而市场营销所做的这一切都是为了交换，也就是为了满足双方的需求。因此需求是贯穿市场营销的每一个环节的，消费者的需求是整个市场营销的中心。而市场营销的最终目标也是使个人或群体满足欲望和需求。

二、市场营销环境分析

市场营销环境复杂多变，企业的生存和发展，愈来愈取决于适应外部环境变化的速度。企业要想在繁杂纷纭的市场上把握机会，就必须认真地分析市场营销环境。

（一）市场营销环境

市场营销环境是指与企业营销活动有关的内部和外部因素的集合。外部环境是客观存在的，它不以人的意志为转移，对企业来说属于不可控因素，企业无力改变。但是，企业可以通过对内部因素的优化组合，去适应外部环境的变化，保持企业内部因素与外部环境的动态平衡，使企业不断充满生机和活力。

环境因素对企业营销活动的影响方式有两种：直接影响和间接影响。直接影响是企业可以立即感受到的，而间接影响则要经过一段时间之后才会显现出来。因此，在分析市场营销环境时，不仅要重视环境因素的直接影响，也要注意环境的间接影响。

（二）市场营销环境的构成要素

市场营销环境的构成要素比较广泛，可以根据不同的标志加以分类。这里主要从宏观环境和微观环境来分析其构成要素。

宏观市场营销环境，又称间接营销环境，是指所有与企业的市场营销活动有联系的环境因素，包括政治、经济、科技、社会文化、自然等方面的因素。这些因素主要从宏观方面对企业的市场营销活动产生影响。这些因素又可派生出若干次级因素，它们之间既相互制约，又相互影响，形成极为复杂的因果关系。

微观市场营销环境，又称直接营销环境，它是指与本企业市场营销活动有密切关系的环境因素，如供应商、营销中介、竞争者、顾客等因素。微观市场营销环境是宏观市场营销环境因素在某一领域里的综合作用，对企业当前和今后的经营活动产生直接的影响。

宏观环境与微观环境两者之间并不是并列关系，而是主从关系。微观环境受制于宏观环境，宏观环境以微观环境为媒介去影响和制约企业的营销活动，在某些场合，也可以直接影响企业的营销活动。

营销环境对企业营销活动的影响如图 5-1 所示。

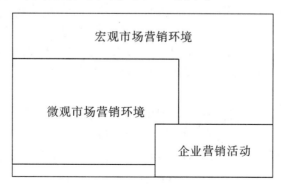

图 5-1 营销环境对企业营销活动的影响

（三）市场营销环境的特点

市场营销环境是一个多因素、多层次而且不断变化的综合体。概括地说，市场营销环境具有以下特点：

（1）客观性。环境作为营销部门外在的不以营销者意志为转移的因素，对企业营销活动的影响具有强制性和不可控性的特点，特别是宏观环境，如企业不能改变人口因素、政治法律因素等。但企业可以主动适应环境的变化和要求，制定并不断调整企业营销策略。

（2）差异性。这种差异性不仅表现在不同企业受不同环境的影响，而且同样一种环境因素的变化对不同的企业的影响也不相同。例如，中国加入 WTO，意味着中国大多数企业进入国际市场，进行"国际性较量"，而这一经济环境的变化，对不同行业所造成的冲击不同，对同一行业中的不同企业的冲击也不同。

（3）多变性。构成企业营销环境的因素是多方面的，而每一个因素都随社会经济的发展而不断变化。这就要求企业根据环境因素和条件的变化，不断调整其营销策略。

政治风云导致"米沙"的失败

1977 年，洛杉矶的斯坦福·布卢姆以 25 万美元买下西半球公司一项专利，生产一种名叫"米沙"的小玩具熊，用作 1980 年莫斯科奥运会的吉祥物。此后的两年里，布卢姆先生和他的伊美治体育用品公司致力于"米沙"的推销工作，并把"米沙"商标的使用权出让给 58 家公司。成千上万的"米沙"被制造出来，分销到全国的玩具商店和百货商店，十几家杂志封面上出现了这种带 4 种色彩的小熊形象。开始，"米沙"的销路很好，布卢姆预计这项业务的营业收入可达到 5 000 万到 1 亿美元。不料在奥运会开幕前，由于苏联拒绝从阿富汗撤军，美国总统宣布不参加在莫斯科举行的奥运会。骤然间，"米沙"变成了被人深恶痛绝的象征，布卢姆的赢利计划成了泡影。

（4）相关性。市场营销环境不是由某一个单一的因素决定的，它受到一系列相关因素的影响。例如，价格不但受市场供求关系的影响，而且还受到科技进步及财政税收政策的影响。

根据营销环境对企业活动影响的不同特点，企业要采取相应的对策。比如企业可以组织一个智囊机构或者借助社会头脑公司，监测分析营销环境的变化，随时提出应变策略，来调整企业营销战略。企业还要加强与政府各部门的联系，了解政府有关部门对宏观经济的调控措施以及各项已出台和即将出台的改革方案，以使企业随时可掌握宏观环境的变化，并能做到有所准备。

3. 市场营销信息调查与分析

市场营销信息调查，就是运用科学的方法，有目的、有计划、系统地收集、整理和分析研究有关市场营销方面的信息和资料，供营销管理人员了解营销环境，发现机会与问题，并作为市场预测和营销决策依据的过程。

市场信息调查的程序为：①调查准备阶段（包括调查目的、范围等的确定，组织调查力量、培训相关调查人员等）；②调查的实施阶段以及总结阶段，即资料的整理与分析、撰写调查报告、追踪与反馈等。

进行市场营销信息调查与分析，一方面有助于经营管理者把握宏观的市场环境，加深对自己所从事行业的了解；还能确定顾客需求，进而生产客户需要的产品，同时加深对企业自身产品和经营状况的认识，发现产品的不足及经营中的缺点，及时反馈并予以纠正，改进企业的经营策略，使企业始终保持生机与活力。另一方面也有利于发现新的市场机会和需求，以便开发新的产品去满足这些需求；还能及时掌握竞争者的动态，了解其经营状况与策略、产品或服务的优劣势以及市场份额的大小，做到知己知彼，百战不殆。

第二节　策略类型

一、产品策略

1. 产品与产品组合策略

从市场营销学的角度来看，产品是指向市场提供的能满足人们某种需要的物品和服务，包括实物、劳务、场所、组织和思想等所有有形和无形的东西。

菲利普·科特勒用五个基本层次来描述产品的整体概念，即核心产品、基础产品、期望产品、附加产品、潜在产品，而国内大多数学者一般将产品分为三个层次，即核心产品、形式产品和附加产品。如图 5-2 所示。

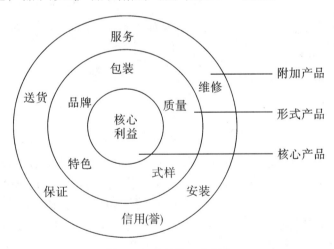

图 5-2　产品的三个层次

核心产品也叫实质产品，是产品的内在质量，也是第一质量，它位于整体产品的中心，向顾客提供产品的基本效用或利益，是埋藏在产品之内、隐藏在消费行为背后的东西。形式产品是指产品的本体，是产品的外在质量，是核心产品借以实现的各种具体产品形式，也是向市场提供产品实体的外观和消费者得以识别和选择的主要依据，一般表现为产品的形状、特点、包装、品牌等。附加产品也叫延伸产品，是一种服务质量，是指消费者购买产品时随同产品所获得的全部附加服务与利益，从而把一个公司的产品与其他公司区别开来，包括送货上门、安装调试、维修、技术培训等附加价值。

产品组合，是指一个企业生产经营的全部产品线、产品项目的组合方式。其中产品线是指具有相同的使用功能，但规格、型号不同的一组类似产品项目；产品项目是指产品线中按规格、外形、价格等区分的具体产品。

产品组合包含宽度、深度和关联度三个因素。宽度又称产品组合的广度，是指一个企业所拥有的产品线的多少。产品线越多，说明产品组合的宽度越宽。深度，是指产品线中的每一产品有多少品种。关联度是指各产品线之间在最终用途、生产条件、销售渠道等方面的相互关联的程度。

2. 产品生命周期策略

产品生命周期，是指产品从投入市场到最后退出市场所经历的市场生命循环过程，也就是产品的市场生命周期。它表示的是一种新产品开发成功投入市场后，从鲜为人知，到逐渐被消费者了解和接受，然后又被更新的产品所代替的过程。

产品生命周期一般以产品的销售量和所获的利润额来衡量。典型的产品市场生命周期曲线呈 S 形。根据销售增长率的变化情况，它可以分为四个阶段：导入期、成长期、成熟期和衰退期（如图 5-3 所示）。

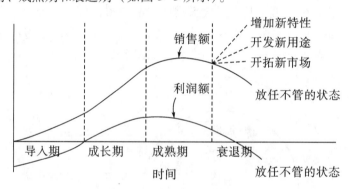

图 5-3　产品生命周期的阶段

（1）导入期是新产品进入市场的最初阶段。其主要有生产成本高、促销费用大、销售数量少、竞争不激烈等特点。此阶段主要的营销目标是迅速将新产品打入市场，在尽可能短的时间内扩大产品的销售量。可采取的具体策略有：

①积极开展广告宣传，采用特殊的促销方法，如示范表演、现场操作、实物展销、免费赠送、小包装试销等，广泛传播商品信息，帮助消费者了解商品，提高产品认知程度。

②积极攻克产品制造中尚未解决的某些技术问题，稳定质量，并根据市场反馈，改进产品，提高质量。

③就产品与价格的组合策略看，可运用不同策略。

一是快速撇脂策略。也称高价高促销策略，即企业以高价和大规模促销将新产品推进市场，加强市场渗透与扩张。采用这一策略的条件是：大部分潜在购买者根本不熟悉该产品，企业已经知道这种新产品的购买者求购心切，愿出高价。

二是缓慢撇脂策略。也称高价低促销策略，即企业以高价和低促销费用将新产品推进市场，以多获利润。采用这一策略的条件是：市场容量相对有限，消费对象相对稳定；大部分购买者对产品已有所了解，愿出高价购买；潜在竞争的威胁较小。

三是快速渗透策略。也称低价高促销策略，即企业以低价和大规模的促销活动将新产品推进市场，以最快的速度进行市场渗透和扩大市场占有率。采用这一策略的市场条件是：市场容量相当大，购买者对商品不了解而且对价格十分敏感；潜在竞争威胁大；商品的单位成本可因大批量生产而降低。

四是缓慢渗透策略。也称低价低促销策略，即企业以低价和少量的促销费用将新产品推进市场，以廉取胜，迅速占领市场。采用这一策略的条件是：市场容量大；购买者对产品较为熟悉，对价格较为敏感；有相当数量的潜在竞争者。

（2）成长期是产品在市场上已经打开销路，销售量稳步上升的阶段。其主要特点是：购买者对商品已经熟悉，市场需求扩大，销售量迅速增加、成本大幅度下降、竞争者相继加入市场，竞争趋向激烈。此阶段企业的主要任务是进一步扩大产品的市场，提高市场占有率。可采用的策略有：

①进一步提高产品质量，增加花色、品种、式样、规格，改进包装。

②广告促销，从介绍产品，提高知名度转到突出特色，树立形象，争创名牌。

③开辟新的分销渠道，扩大商业网点。

④在大量生产的基础上，适时降价或采用其他有效的定价策略，吸引更多购买者。

（3）成熟期是产品在市场上普及销售量达到高峰的饱和阶段。其主要特点是：产品已为绝大多数的消费者所认识，销售量增长缓慢，处于相对稳定状态，并逐渐出现下降的趋势、企业利润逐步下降，竞争十分激烈。此阶段企业的主要任务是牢固地占领市场，防止与抵抗竞争对手的蚕食进攻。可采用的策略有：

①从广度和深度上拓展市场，争取新顾客，刺激老顾客增加购买。

②提高产品质量，进行产品多功能开发，创造新的产品特色，增加产品的使用价值。

③改进营销组合策略，如调整价格、增加销售网点、开展多种促销活动、强化服务等。

（4）衰退期是产品销售量持续下降、即将退出市场的阶段。其主要特点有：消费者对产品已经没有兴趣，市场上出现了改进型产品，市场需求减少、企业利润不断降低。此阶段的主要任务是尽快退出市场，尽量减少因存货过多给企业造成的亏损。可选择的策略有：

①淘汰策略，即企业停止生产衰退期产品，上新产品或转产其他产品。

②持续营销策略，即企业继续生产衰退期产品，利用其他竞争者退出市场的机会，通过提高服务质量、降低价格等方法维持销售。

3. 新产品开发策略[①]

开发新产品，主要是因为：第一，产品生命周期要求企业不断开发新产品。

---

① 郭国庆. 市场营销学通论［M］. 北京：中国人民大学出版社，2009.

企业同产品一样，也存在着生命周期。如果企业不开发新产品，则当产品走向衰退时，企业也同样走到了生命周期的终点。一般而言，当一种产品投放市场时，企业就应着手设计新产品，使企业在任何时期都有不同的产品处在周期的各个阶段，从而保证企业持续盈利。第二，科学技术迅速发展，消费结构变化加快，使消费选择更加多样化，产品生命周期日益缩短。第三，企业间的竞争日趋激烈，企业只有不断创新，开发新产品，才能在市场占据领先地位，增强企业的活力。所以，开发新产品是企业应付各种突发事件，维护企业生存与长期发展的重要保证。

新产品开发由八个阶段构成，即：

（1）寻求创意。即寻找开发新产品的设想。虽然并不是所有的设想或创意都能变成产品，但寻求尽可能多的创意却可为开发新产品提供较多的机会。新产品创意的来源主要有：顾客、竞争对手、企业推销人员和经销商、企业高层管理人员、市场研究公司、广告代理商等。企业还要从内部人员中寻求创意，这就要求企业建立各种激励性制度，对提出创意的职工给予奖励，而且高层主管人员应当对这种活动表现出充分的重视和关心。

（2）甄别创意。企业取得足够创意之后，要对这些创意加以评估，研究其可行性，并挑选出可行性较高的创意。甄别创意时，一般要考虑两个因素：一是该创意是否与企业的

> **知识小贴士：明确定义**
>
> 所谓产品创意，是指企业从自己角度考虑的能够向市场提供的可能产品的构想。
>
> 产品形象，则是指消费者对某种现实产品或潜在产品所形成的特定形象。

战略目标相适应，表现为利润目标、销售目标、销售增长目标、形象目标等几个方面；二是企业有无足够的能力开发这种创意。这些能力表现为资金能力、技术能力、人力资源、销售能力等。

（3）形成产品概念。经过甄别后保留下来的产品创意还要进一步发展，成为产品概念。产品概念，是指企业从消费者的角度对这种创意所做的详尽的描述。

（4）制定市场营销战略。形成产品概念之后，需要制定市场营销战略，企业的有关人员要拟定一个将新产品投放市场的初步市场营销战略报告书。它由三个部分组成：①描述目标市场的规模、结构、行为、新产品在目标市场上的定位，前几年的销售额、市场占有率、利润目标等；②略述新产品的计划价格、分销战略以及第一年的市场营销预算；③阐述计划长期销售额和目标利润以及不同时间的市场营销组合。

（5）营业分析。在这一阶段，企业市场营销管理者要复查新产品将来的销售额、成本和利润的估计，看看它们是否符合企业的目标。如果符合，就可以进行新产品开发。

（6）产品开发。如果产品概念通过了营业分析，研究与开发部门及工程技术部门就可以把这种产品概念转变成为产品，进入试制阶段。这一阶段应当确认的是，产品概念能否变为技术上和商业上可行的产品，即是否能研发成功。

（7）市场试销。如果企业的高层管理对某种新产品开发试验结果感到满意，就着手用品牌名称、包装和初步市场营销方案把这种新产品装扮起来，把产品推上真正的消费者舞台进行试验。此阶段目的在于了解消费者和经销商对于经营、使用和再购买这种新产品的实际情况以及市场大小，然后再酌情采取适当对策。

（8）批量上市。经过市场试验，企业高层管理者已经拥有了足够的信息资料来决定是否将这种新产品投放市场。如果决定向市场推出，企业就须再次付出巨额资金：一是建设或租用全面投产所需要的设备。很多公司为了慎重起见都把生产能力限制在所预测的销售额内，以免新产品的盈利收不回成本。二是花费大量市场营销费用。

4. 品牌策略

品牌是用以识别某个销售者或某群销售者的产品或服务，并使之与竞争对手的产品或服务区别开来的商业名称及其标志，通常由文字、标记、符号、图案和颜色等要素或这些要素的组合构成。品牌可从以下六个方面进行解读：

（1）属性。它是品牌最基本的含义，首先代表着特定的商品属性，如奔驰意味着工艺精湛、制造优良、昂贵、耐用、速度快，公司可用一种或几种属性做广告，多年来奔驰的广告一直强调"全世界无可比拟的工艺精良的汽车。"

（2）利益。它体现了特定的利益。顾客不是在买属性而是买利益，这就需要把属性转化为功能性或情感性的利益。就奔驰而言，"工艺精湛、制造优良"可转化为"安全"，"昂贵"可转化为"令人羡慕、受人尊重"的利益。

（3）价值。体现了生产者的某些价值感。

（4）文化。品牌可能代表某种文化。奔驰蕴涵着"有组织、高效率、高品质"的德国文化。

（5）个性。不同的品牌会使人们产生不同的联想，这是由品牌个性所决定的。奔驰容易让人想到一位严谨的老板，红旗则让人想到一位严肃的领导。

（6）用户。品牌暗示了购买或使用产品的消费者类型。

关于品牌的策略如下：

（1）品牌建立决策。有关品牌的第一个决策就是决定是否给产品加上一个品牌。品牌的作用在商品经济高度发达的今天体现得十分突出，一切产品几乎都有品牌。一方面，越来越多传统上不用品牌的商品纷纷品牌化；另一方面，品牌也成为一种无形资产，它是产品质量的反映，是企业信誉的标志。

（2）品牌归属决策。此策略有如下几种：

①使用制造商品牌。若制造商具有良好的市场信誉，并拥有较大的市场份额，就可以使用制造商品牌。

②使用中间商品牌。中间商在某一市场领域拥有良好的品牌信誉及庞大完善的销售系统，那些新进入市场的中小企业往往借助于中间商商标。美国著名的大零售商西尔斯公司已有90%以上的产品使用自己的品牌。

③制造商品牌与中间商品牌混合使用。制造商在部分产品上使用自己的品牌；另一部分以批量卖给中间商，使用中间商品牌，以求既扩大销路又能保持本企业品牌特色；或者为进入新市场，可先采用中间商品牌，取得一定市场地位后改用制造商品牌。日本索尼公司的电视机初次进入美国市场时，在美国最大的零售商店西尔斯（S·R）出售，用的是S·R品牌。打开市场之后索尼公司发现其产品很受美国人的欢迎，就又改用自己的品牌出售。

④制造商品牌与销售商品牌同时使用，兼收两种品牌单独使用的优点。许多大型零售商店，如上海中百一店、北京王府井百货大楼均出售数以万计的商品，它们除了使用制造商品牌外，还标明上海中百一店或北京王府井百货公司监制或经销。这种混合品牌策略对产品进入国外市场也很有帮助。

（3）品牌质量决策。品牌质量决策是指最初决定品牌的质量水平是哪种层次，即低质量、一般质量、中上质量、高质量。每一种质量水平都有其市场，都有与之相适应的顾客。并且决定品牌最初的质量水平应该和选择目标市场及产品定位结合进行。欧米茄手表的历史源远流长，它决定了品牌的最初质量就是高质量，力求造型高雅、性能精确，在制表业独占鳌头。它今天的口号仍是"超凡绝伦的制表技艺，一百五十年始终不渝。"管理品牌质量，有三种可供选择的策略：

①提高品牌质量：在研究开发上不断投入资金、改进产品质量，以取得最高的投资收益率和市场占有率。

②保持品牌质量：将品牌质量保持原状不做改变。因为品牌的最初质量水平经历了时间的变化，仍然适合目前的及可预测的未来市场的情况。

③逐渐降低品牌质量：产品价格下跌或原材料价格上涨，改用廉价材料替代降低质量；或者产品进入衰退期，淘汰已成定局可采取降低质量策略。

（4）品牌统分决策。可供选择的策略有：

①个别品牌。企业各种不同的产品分别使用不同的品牌。这样有利于企业扩充高、中、低档各类产品，以适应市场的不同需求。还能保证产品各自发展，在市场竞争中增强了安全感。如宝洁公司生产的各种日化产品，分别使用汰渍、奥妙、碧浪等不同品牌；并创造了飘柔、海飞丝、潘婷、沙萱、润妍等不同洗发水品牌。

②统一品牌。企业所有产品统一使用一个品牌，也称为整体的家族品牌。这样节省品牌设计和广告费用，也有利于为新产品打开销路。我国上海益民食品公

司的所有产品都是"光明牌";美国通用电气公司的所有产品都统一使用"GE"这个品牌名称。

③分类品牌。首先,各产品线分别使用不同品牌,避免发生混淆。西尔斯公司所经营的器具类产品、妇女服装类产品、主要家庭设备类产品分别使用不同的品牌名称;其次,生产或销售同类型的产品,但质量水平有差异也使用不同品牌以便于识别。巴盟河套酒业公司生产的白酒,一等品的品牌名称是河套王,以下依次是:河套老窖、河套人家等多个名称。

④企业名称加个别品牌。这是统一品牌与个别品牌同时并行的一种方式。在产品的品牌名称前冠以企业名称,可使产品正统化,既享有企业已有的信誉,又可使产品各具特色。美国通用汽车公司(GM)所生产的各种小轿车分别使用不同的品牌:凯迪拉克、土星、欧宝、别克、奥斯莫比、潘蒂克、雪佛莱等,每个品牌上都另加"GM"两个字母,以表示通用汽车公司的产品。

(5)品牌延伸决策。这是指企业利用其成功品牌的声誉来推出改良产品或新产品的策略。有人比喻:在西方国家,品牌延伸就像当年成吉思汗横扫欧亚大陆一样,席卷了整个广告和营销界。过去十年来,十分成功的品牌有2/3属于延伸品牌,而不是新品牌。

(6)品牌重新定位决策。随着时间的推移,品牌在市场上的位置会有所改变,如果出现下列情况,就有必要对品牌进行重新定位:第一,竞争者的品牌定位接近本企业的品牌,夺走了一部分市场,使本企业品牌的市场占有率下降;第二,消费者的偏好发生变化,具有某种新偏好的顾客群已经形成,企业面临有巨大吸引力的良好经营机会。

(7)品牌防御决策。企业在品牌与商标经营过程中,要及时注册,防止被他人抢注,还要杜绝"近似商标注册"的事件的发生。而防止近似商标注册的有效方法就是主动进行防御性注册,实施商标防御性策略。第一,在相同或类似的产品上注册或使用一系列互为关联的商标(联合商标),以保护正在使用的商标或备用商标。第二,将同一商标在若干不同种类的产品或行业注册,以防止他人将自己的商标运用到不同种类的产品或不同的行业上(防御性商标)。

5. 包装策略

包装是指对某一品牌商品设计并制作容器或包扎物的一系列活动。其构成要素有:

①商标、品牌,是包装中最主要的构成要素,应占据突出位置。

②形状,是包装中必不可少的组合要素,有利于储运、陈列及销售。

③色彩,是包装中最具刺激销售作用的构成要素,对顾客有强烈的感召力。

④图案,在包装中,其作用如同广告中的画面。

⑤材料,包装材料的选择,影响包装成本,也影响市场竞争力。

⑥标签,印有包装内容和产品所含主要成分、品牌标志、产品质量等级、生产厂家、生产日期、有效期和使用方法等。

包装的种类有运输包装和销售包装两种。运输包装主要用于保护产品品质安全和数量完整。销售包装(内包装或小包装)不仅要保护商品,更重要的是要美化和宣传商品，便于陈列，吸引顾客，方便消费者认识、选购、携带和使用。包装策略有：

（1）类似包装策略。该策略指企业生产的各种产品，在包装上采用相同的图案、相近的颜色，体现出共同的特点。

（2）等级包装策略。首先，不同质量等级的产品分别使用不同包装，高档优质包装，普通一般包装。其次，同一商品采用不同等级包装，以适应不同购买力水平或不同顾客的购买心理。

（3）异类包装策略。企业各种产品都有自己独特的包装，设计上采用不同风格、不同色调、不同材料。

（4）配套包装策略。该策略指企业将几种相关的商品组合配套包装在同一包装物内。

（5）再使用包装策略。该策略指包装物内商品用完之后，包装物本身还可用作其他。

（6）附赠品包装策略。该策略指在包装物内附有赠品以诱导消费者重复购买，是一种有效的营业推广方式。

（7）更新包装策略。该策略指企业的包装策略随市场需求的变化而改变的做法，可以改变商品在消费者心目中的地位，进而收到迅速恢复企业声誉的效果。

二、价格策略

价格是企业市场营销的重要因素之一。商品价格的变化直接影响消费者的购买行为，影响经营者盈利目标的实现。所以，研究和运用定价策略是企业营销策略的重要方面。

1. 定价目标

定价目标，是指企业通过制定特定水平的价格来实现其预期目的。定价目标的确定必须要服从企业营销的总目标，并且与其他营销目标相协调。由于各个企业的内部条件和外部经营环境不同，企业定价目标是多种多样的。在营销实践中，常见的定价目标主要有以下几种类型：

（1）维持生存。当企业处于不利环境时，如生产能力过剩、产品成本提高、竞争激烈或消费者需求发生变化，企业为了避免倒闭，以生存为短期目标，通常会采取低价策略，只要求价格能收回可变成本和部分固定成本，以期维持营业，争取等到形势好转或新产品问世。

（2）当期利润最大化。企业要生存就必须获得利润，只有足够的利润才能够保证企业的生存和发展。但是实现利润最大化并不代表价格最高，价格过高反而会导致销售量减少，利润降低。因此要根据产品的价格弹性来确定能取得最大利润的价格。

（3）市场占有率最大化。市场占有率是表示企业在其行业势力大小的重要指标。不少企业把维持或提高市场占有率作为其定价目标。提高市场占有率通常要求企业制定一个中等偏低的价格，既不能太低，也不能太高。因为在消费者市场上，中等收入者一般总是最大的细分市场，过高的价格会抑制他们的购买力，过低的价格则会影响他们对品牌的信心。所以宾利、劳斯莱斯、迈巴赫有很高的品牌声誉，从汽车整体市场看其市场占有率却很低。

（4）产品质量最优化。对许多消费者来说，高价格代表着高质量和良好的品牌形象。对企业来说，生产销售高质量产品的成本要高得多，所以必须通过高价格来收回投资。同时，高质高价的产品还要辅以优质的服务以保证在消费者心目中的高品质品牌形象。例如，国内的许多医院推出的高级病房，仅床位费就是普通病房的 10 多倍，但是由于其提供高于普通病房几个等级的硬件条件以及相应的高质量的服务，满足了部分顾客对医疗服务的多样化需求，从而稳定地占据了一定的市场份额。

2. 定价方法

产品的定价方法有很多，主要有以下几种：

（1）成本导向定价法

①成本加成定价法，是指按照单位成本加上一定百分比的加成来确定产品的销售价格，产品单价=单位产品完全成本×（1+成本加成率），即：$P=C(1+R)$。

例：某服装厂生产 1 000 套童装，固定成本 3 000 元，单位变动成本为 45 元，成本利润率为 26%，综合税率为 4%，计算每套童装的价格应是多少？

$P=C(1+R)=[(3\,000+45×1\,000)/1\,000]×(1+26\%+4\%)=62.4$（元）

此种方法计算简便，便于核算；价格能保证补偿全部成本并满足利润要求，但是它忽视了产品需求弹性的变化。不同产品在同一时期，同一产品在不同时期，同一产品在不同市场，其需求弹性都不相同。因此产品价格在完全成本的基础上，加上固定的加成比例，不能适应迅速变化的市场要求，缺乏应有的竞争能力，而且以完全成本作为定价基础缺乏灵活性，不利于企业降低产品成本。

②目标收益率定价法，是指企业为了实现预期的投资收益率，根据投资总额和估计的总销售量来确定产品售价。采用这种方法，首先要确定投资收益率，在其他条件不变的情况下，投资收益率高低取决于投资年限的长短。其次计算投资收益额。若投资收益率是固定的，则：投资收益额=投资总额÷投资回收年限；若投资收益率是变动的，则投资收益额=投资总额×投资收益率。最后确定单位产品售价。单位产品售价=（单位总成本+投资收益额）÷预计销售量。

例：假设某公司生产一种产品，投资额为 100 万元，预计第一年产量为 9 万件，预期的投资收益率为 15%；第二年产量 10 万件，投资收益率为 12%；第三年及以后各年产量 15 万件，投资收益率为 10%。假定该公司各年的固定成本为 30 万元，单位变动成本为 5 元，计算单位产品售价应定多少元才能收回预期的投资？

第一年：预期投资收益额=投资总额×投资收益率=100 万×15%=15 万

产品总成本=固定成本+变动成本=30 万+5×9 万=75 万

单位产品价格=（单位总成本+投资收益额）÷预计销售量

$\qquad\qquad$ =（75 万+15 万）÷9 万=10（元）

以此计算：第二年的单位产品价格为 9.2 元；第三年的单位产品价格为 7.67 元。

目标收益率定价法较多地运用于市场占有率高或具有垄断性质的企业，特别是大型公用事业。它简便易行，能使企业收入稳定。但是，价格是影响销量的一个重要因素，按照这个方法计算产品售价，并不一定能保证产品销售出去，如果产品不能卖出去，则企业的利润目标就难以实现。

③盈亏平衡定价法，它分析的要害是确定盈亏平衡点，即企业收支相抵，利润为零时的状态。公式：

$$P = (TFC \div Q) + AVC$$

其中：TFC 是总固定成本；AVC 是单位变动成本 $Q = TFC \div (P - AVC)$。

（2）需求导向定价法，是以消费者对产品价值的理解程度和需求强度为依据的定价方法。主要方法有以下几种：

①理解价值定价法。理解价值，也叫感受价值、认知价值，就是指消费者对某种商品的主观评判。使用此种方法的企业不以成本为依据，而以消费者对商品价值的理解度为定价的依据。

使用这种方法定价，企业首先应以各种营销策略和手段，影响消费者对产品的认知，形成对企业有利的价值观念，然后再根据产品在消费者心目中的价值来制定价格。理解价值定价法的关键在于获得消费者对有关商品价值理解的准确资料。企业如果过高估计消费者的理解价值，价格就可能过高，这样会影响商品的销量；反之，如果价格过低就会减少收入。所以，企业必须搞好市场调查，了解消费者的消费偏好，准确地估计消费者的理解价值。

②区分需求定价法，它是根据需求的差异，对同种产品或劳务制定不同的价格，也叫"价格歧视"。主要包括以下几种：

a. 因人差异定价。同一产品和服务对不同顾客应制定不同的价格。例如，美国轮胎制造商卖给汽车厂的产品价格便宜，因为需求弹性大；卖给一般用户的价格贵，因为需求弹性小。

b. 因地差异定价。同一产品和服务处在不同地理位置，应分别制定不同的价格。如同一瓶可乐一般店铺只卖 2.5~3 元，可在五星级宾馆就卖 28~30 元。

c. 因时差异定价。产品的生产和需求都会因时间变化而变化，对同一产品在不同的时间应制定不同的价格。例如，服装、空调等的价格会因季节不同而异。

d. 因用途差异定价。同一产品或服务可按其不同的用途制定不同的价格。如我国电力定价就分为民用、营业用和工业用。

e. 因量差异定价。同一产品或服务可按其不同的量来制定不同的价格，包括两种情况：一是产品购买或消费得越多越便宜，鼓励多买多消费；二是主张节约，越多就越贵。

③反向定价法，是指企业根据产品的市场需求状况，通过价格预测和试销、评估，先确定消费者可以接受和理解的零售价格，然后倒推批发价格和出厂价格的定价方法。这种定价方法的依据不是产品的成本，而是市场的需求，力求使价格为消费者所接受。采用此法的关键在于如何正确测定市场可销零售价格水平。测定的标准主要有：产品的市场供求情况及其变动趋势、产品的需求函数和需求价格弹性、消费者愿意接受的价格水平、与同类产品的比价关系。

（3）竞争导向定价法

①随行就市定价法，是指企业根据同行业的平均价格水平定价。

②密封投标定价法，是一种竞争性很强的定价方法。一般在购买大宗物资、承包基建工程时，发布招标公告，由多家卖主或承包者在同意招标人所提出条件的前提下，对招标项目提出报价，招标者从中择优选定。

3. 定价策略

（1）折扣与折让定价策略

折扣定价是利用各种折扣吸引经销商和消费者，促使他们积极推销或购买本企业产品，从而达到扩大销售、提高市场占有率的目的。折扣的主要类型有：

①现金折扣，是对在规定的时间内提前付款或用现金付款者所给予的一种价格折扣，其目的是鼓励顾客尽早付款，进而加速资金周转，减少财务风险。采用现金折扣一般要考虑三个因素：折扣比例、给予折扣的时间限制和付清全部货款的期限。

在西方国家，典型的付款期限折扣表示为"3/20，n/60"。其含义是在成交后 20 天内付款，买者可以得到 3% 的折扣，超过 20 天，在 60 天内付款不予折扣，超过 60 天付款要加付利息。

②数量折扣，指按购买量的多少，分别给予不同的折扣，购买数量愈多，折扣愈大。其目的是鼓励大量购买，或集中向本企业购买。

③功能折扣，也叫业务折扣、贸易折扣，是制造商给批发商或零售商的一种额外折扣，促使他们执行某种市场营销功能（如推销、储存、服务）。此折扣的目的是鼓励中间商大批量订货，扩大销售，争取顾客，并与生产企业建立长期、稳定、良好的合作关系。

④季节折扣。有些商品的消费具有明显的季节性。比如：空调、羽绒服、啤酒等。为了调节供需矛盾，这些商品的生产企业便采用季节折扣的方式，对在淡季购买商品的顾客给予一定的优惠。

⑤价格折让，是根据价目表给顾客价格折扣的另一种类型，是减价的一种形式。例如，新产品试销折让，如商品标价 115 元，去掉零头，减价 5 元，顾客只付 110 元；以旧换新折让，当顾客买了一件新产品时，可交还同类商品的旧货，在价格上给予折让。一辆小汽车标价为 4 万元，顾客以旧车折价 5 000 元购买，只需付给 3.5 万元即可。

（2）地区定价策略

地区性定价策略，是指针对卖给不同地区（包括当地和外地不同地区）顾客的某种产品，是分别制定不同的价格，还是制定相同的价格。

①原产地定价，就是买方按照厂价购买某种产品，卖方只负责将这种产品运到产地的某种运输工具（如卡车、火车、船舶、飞机等）上交货。交货后，从产地到目的地的一切风险和费用由顾客承担。这种定价虽然合理，但可能造成远距离的顾客不愿购买这个企业的产品，而购买其附近企业的产品。

②统一交货定价，是指企业对于卖给不同地区顾客的某种产品，都按照相同的厂价加相同的运费（按平均运费计算）定价，也就是说，对全国不同地区的顾

客，不论远近，都实行统一的价格。因此，这种定价又叫邮资定价。

③分区定价，是指企业把全国（或某些地区）分为若干价格区，对于卖给不同价格区顾客的某种产品，分别制定不同的地区价格。距离企业远的价格区，价格较高，在各个价格区范围内实行一个价。采用分区定价也会存在一些问题：第一，在同一价格区内，有些顾客距离企业较近，有些顾客距离企业较远，前者就不合算；第二，处在两个相邻价格区界两边的顾客，他们相距不远，但是要按高低不同的价格购买同一种产品。

④基点定价，即企业选定某些城市作为基点，然后按一定的厂价加上从基点城市到顾客所在地的运费来定价（不管产品是哪个城市起运的）。有些公司为了提高灵活性，选定多个基点城市，按照顾客最近的基点计算运费。

⑤运费免收定价。有些企业因为急于和某些地区做生意，就会负担全部或部分实际运费。这些卖主认为，如果生意扩大，其平均成本就会降低，因此足以抵偿这些费用开支。采取运费免收定价，可以使企业加深市场渗透，并且能在竞争日益激烈的市场上站得住脚。

（3）心理定价策略

心理定价是针对消费者的不同消费心理，制定相应的商品价格，以满足不同类型消费者的需求策略。

①声望定价策略，是企业根据消费者的求名心理，将有声望的商品的价格制定得比市场同类商品更高。它能有效消除购买者的心理障碍，使顾客对商品或零售商形成信任感和安全感，顾客也从中得到荣誉感。

②尾数定价策略，又称零头定价，是针对消费者的求廉心理，在商品定价时有意制定一个与整数有一定差额的价格。比如很多商场中的 9.9 元的定价。

③招徕定价策略，是一种有意将少数商品降价以吸引顾客的定价方式。商品的价格低于市价，一般能引起消费者的注意，这是适合消费者求廉心理的。

（4）产品组合定价策略

①产品大类定价。首先，确定某种产品的最低价格，由它在产品大类中充当价格领袖，以吸引消费者购买产品大类中的其他产品。其次，确定产品大类中某种商品的最高价格。由它在产品大类中充当品牌质量和收回投资的角色。最后，产品大类中的其他产品也分别依据其在产品大类中的角色不同而制定不同的价格。

例：男士服装店经营 3 种价格档次的男士服装：150 美元、250 美元和 350 美元。顾客会从 3 个价格点联系到低、中、高 3 种质量水平的服装。一般会选择中等质量的服装，当这 3 种价格同时提高 50 元，男士们仍会选择中等质量的服装。

②选择品定价。许多企业在提供主要产品时，还会附带一些可供选择的产品或特征。许多饭店的酒水价很高，而食品的价格相对较低。食品收入可以弥补食品的成本和饭店其他的成本，而酒类可以带来较高的利润。这是服务人员极力推销顾客购买酒水的原因。

③补充产品定价。有些产品需要附属或补充产品。制造商经常为主要产品制定较低的价格，而为附属产品制定较高的加成。如：柯达照相机的价格很低，原

因是它可以从销售胶卷上获利。

④分部定价。服务性企业经常收取一笔固定费用，再加上可变的使用费。如：电话用户每月都要支出一笔基本使用费，如果使用次数超过规定，还要再交费。

⑤副产品定价。在生产加工肉类、石油产品和其他化工产品的过程中，经常有副产品。若副产品价值很低，制造商确定的价格必须能够弥补副产品的处理费用；若副产品对某一顾客群有价值，就应该按其价值定价。

⑥产品系列定价。企业经常以某一价格出售一组产品，例如：化妆品、计算机。这组产品的价格低于单独购买其中每一产品的费用总和。因为顾客可能并不打算购买其中所有的产品，所以这一组合的价格必须有较大的降幅，以此促使顾客购买。

三、渠道策略

营销渠道也称销售渠道，指产品从生产者向消费者的转移过程中经过的通道，这些通道由一系列的市场分销机构或个人组成。其中分销机构包括各类中间商，即经销商、代理商和经纪商。渠道策略即关于销售渠道的规划和战略。它是整个营销系统的重要组成部分，是规划中的重中之重，它对降低企业成本和提高企业竞争力具有重要意义。营销渠道策略的类型包括直接渠道或间接渠道的营销策略、长渠道或短渠道的营销策略、宽渠道或窄渠道的营销策略、单一营销渠道和多营销渠道策略、传统营销渠道策略、垂直营销渠道策略、网络营销渠道策略和新型营销渠道策略。

案例 格力空调的渠道策略①

珠海格力集团公司是珠海市目前规模最大、实力最强的企业之一。自创立之日起到 2004 年格力空调一直采取的是厂家—经销商/代理商—零售商的渠道策略，并在这种渠道模式下取得了较高的市场占有率。近几年的格力在营销渠道中也进行了许多的改进，从传统的营销渠道到现如今的多元化营销渠道，格力一直在努力寻找适合自己发展的营销渠道策略。

2004 年 2 月，成都国美为启动淡季空调市场，在相关媒体上刊发广告，对格力两款畅销空调进行大幅度降价销售，零售价原为 1 680 元的 1P 挂机被降为 1 000 元，零售价原为 3 650 元的 2P 柜机被降为 2 650 元。格力认为国美电器在未经自己同意的情况下擅自降低了格力空调的价格，破坏了格力空调在市场中长期稳定、统一的价格体系，导致其他众多经销商的强烈不满，并有损于其一线品牌的良好形象，因此要求国美立即终止低价销售行为。格力在交涉未果后，决定正式停止向国美供货，并要求国美电器给个说法。"格力拒供国美"事件传出，不由让人联想起 2003 年 7 月份发生在南京家乐福的春兰空调大幅降价事件，二者如出一辙，都是商家擅自将厂家的产品进行"低价倾销"，引起厂家的抗议。2004 年 3 月 10 日，四川格力开始将产品全线撤出成都国美 6 大卖场。格力之所

① 朱超才.市场营销基础［M］.合肥：安徽大学出版社，2010.

以有底气和国美这种电子商场大亨唱对台戏，是因为其在创立初期就是运用的专卖店销售模式，这样，它就不依赖于与大型卖场合，反而各行其是，独辟蹊径。

事实上，在国美、苏宁等全国性专业连锁企业势力逐渐强盛的今天，格力电器依然坚持依靠自身经销网点为主要销售渠道。格力是从2001年下半年才开始进入国美、苏宁等大型家电卖场中。与一些家电企业完全或很大程度地依赖家电卖场渠道不同的是，格力只是把这些卖场当作自己的普通经销网点，与其他众多经销商一视同仁，因此在对国美的供货价格上也与其他经销商一样，这是格力电器在全国的推广模式，也是保障各级经销商利益的方式。以北京地区为例，格力拥有着1 200多家经销商。2003年度格力在北京的总销售额为3亿元，而通过国美等大卖场的销售额不过10%。由于零售业市场格局的变化，格力的确已经意识到原来单纯依靠自己的经销网络已经不适应市场的发展，因此从2001年开始进入大卖场，但格力以自有营销网络作为主体的战略并没有改变。

一个企业的成功不是偶然，选择最佳的营销渠道策略，对一个企业来讲，是攸关企业生死存亡的。毫无疑问，在当时来讲，格力的这种营销渠道策略是超前的、成功的、完美的。

四、促销策略

促销就是营销者向消费者传递有关本企业及产品的各种信息，说服或吸引消费者购买其产品，以达到扩大销售量的目的。而促销策略就是在促销过程中使用一定的策略。那么都有哪些促销策略呢？

1. 促销策略概述

促销策略是指企业如何通过人员推销、广告、公共关系和营销推广等各种促销手段，向消费者传递产品信息，引起他们的注意和兴趣，激发他们的购买欲望和购买行为，以达到扩大销售的目的的活动。

企业将合适的产品，在适当的地点、以适当的价格将出售的信息传递到目标市场要通过两种方式，一种是人员推销，即推销员和顾客面对面地进行推销；另一种是非人员推销，即通过大众传播媒介在同一时间向大量消费者传递信息，主要包括广告、公共关系和营销推广等多种方式。这两种推销方式各有利弊，起着相互补充的作用。此外，目录、通告、赠品、店标、陈列、示范、展销等也都属于促销策略范围。一个好的促销策略，往往能起到多方面的作用，如提供信息情况、及时引导采购、激发购买欲望，扩大产品需求、突出产品特点、建立产品形象、维持市场份额，巩固市场地位等。

2. 人员促销

人员促销是指企业派出推销人员直接与顾客接触、洽谈、宣传商品，以达到促进销售目的的活动过程。它既是一种渠道方式，也是一种促销方式。它的任务包括：

（1）挖掘新客户，开辟新客户市场，提高市场占有率。

（2）向现实和潜在的顾客传递公司的产品（服务）信息，努力提高公司及其产品（服务）在顾客中的知名度。

（3）灵活地运用各种推销方法，达到营销产品与服务的目的。

（4）推销人员直接接触客户，能及时收集他们的意见、要求和建议，以及竞争对手的情况和市场的新动向。推销人员要及时将收集到的情报和信息向本中心决策层做汇报。

（5）对产品或服务进行协调平衡，调剂余缺。推销人员要密切配合内部管理的协调工作，使产品或服务平衡有序，避免资源浪费，以适应市场的变化。

了解人员推销的任务后，还要掌握推销的策略与技巧。主要包括以下几种：

（1）试探性策略，亦称刺激—反应策略。就是在不了解客户需要的情况下，事先准备好要说的话，对客户进行试探。同时密切注意对方的反应，然后根据反应进行说明或宣传。

（2）针对性策略，亦称配合—成交策略。这种策略的特点是事先基本了解客户的某些方面的需要，然后有针对性地进行"说服"，当讲到"点子"上引起客户共鸣时，就有可能促成交易。

（3）诱导性策略，也称诱发—满足策略。这是一种创造性推销，即首先设法引起客户需要，再说明所推销的这种服务产品能较好地满足这种需要。这种策略要求推销人员有较高的推销技术，在"不知不觉"中成交。

3. 广告策略

随着经济全球化和市场经济的迅速发展，在企业营销战略中广告营销活动发挥着越来越重要的作用。广告营销策略是指企业通过广告对产品展开宣传推广，促成消费者的直接购买，扩大产品的销售，提高企业的知名度、美誉度和影响力的活动中所用的营销策略。

广告策略是实现广告战略的各种具体手段与方法，是战略的细分与措施。常见的广告策略有五大类：①配合产品策略而采取的广告策略，即广告产品策略；②配合市场目标采取的广告策略，即广告市场策略；③配合营销时机而采取的广告策略，即广告发布时机策略；④配合营销区域而采取的广告策略，即广告媒体策略；⑤配合广告表现而采取的广告表现策略。其中广告产品策略主要包括产品定位策略和产品生命周期策略，另外还有新产品开发策略、产品包装和商标形象策略等。

4. 营业推广

营业推广策略是指人员推销、广告和公共宣传以外的，能迅速刺激需求、鼓励购买的各种促销形式的一种策略。它是在一个较大的目标市场中，为了刺激顾客的早期需求而采取的能够迅速产生购买行为的一系列短期的销售活动。它的特点是针对性强，方法灵活多样，但也常因攻势过强，容易引起客户反感。

企业在制订营业推广方案时，第一要决定推广的规模。规模大小必须结合目标市场的实际情况，并根据推广收入与促销费用之间的效应关系来确定。第二是确定企业营业推广的对象。它可以是目标市场中的全部，也可以是其中一部分，企业应该决定刺激哪些人才能最有效地扩大销售。第三是选择有效的推广途径来实现推广目标。由于每一种促销方式对中间商或用户的影响程度不同，费用大小也不同，必须选择既能节约推广费用，又能收到预期效果的营业推广方式。第四，则是确定推广时间。营业推广的时间要适当，不应过长或过短。过短，会造成有希望的买主未能接受营业推广的好处；过长，将会产生某种产品的不良印象，激发不起购买的积极性。第五，就是估算营业推广的费用了。推广的费用是制订推广方案应考虑的重要因素。

在具体实施过程中，应把握两个时间因素：一是实施方案之前所需的准备时间；二是从正式推广开始至结束为止的时间。国内外营业推广经验表明，从正式推广开始到大约95%的产品经推广售毕的时间为最佳期限。

评价推广效果是营业推广管理的重要内容。准确的评价有利于企业总结经验教训，为今后的营业推广决策提供依据。常用的营业推广评价方法有两种：一是阶段比较法，即把推广前、中、后的销售额和市场占有率进行比较，从中分析营业推广产生的效果，这是最普遍采用的一种方法；二是跟踪调查法，即在推广结束后，了解有多少参与者能知道此次营业推广，其看法如何，有多少参与者受益，以及此次推广对参与者今后购买的影响程度等。

5. 公共关系

从促销的角度考察，公共关系也是一种重要的促销方式。它通过公关活动，宣传企业及企业的产品，让社会公众了解企业产品的功能效用及其提供的服务，引导顾客购买，促使社会公众支持企业的营销活动，从而提升企业的社会影响力。企业公共关系是近年来发展起来的一门独特的管理技术，是企业或组织为了营造良好的外部发展环境，与它的各类公众建立有利的双方关系，而采取的有计划、有组织的行动。它有利于树立企业良好的形象，沟通与协调企业内部以及企业与社会公众的各种关系，有利于企业的长远发展。营销实践中，企业常用的公关活动方式有以下几种：

(1) 通过新闻媒介传播企业信息。这是企业公共关系最重要的活动方式。通过新闻媒介向公众介绍企业及企业产品，不仅可以节约广告费用，而且由于新闻媒介的权威性和广泛性，使它比广告效果更为有效。这方面的活动包括：撰写各种与企业有关的新闻稿件、举行记者招待会、邀请记者参观企业等。

(2) 加强与企业外部组织的联系。在企业的公关活动中，企业应同政府机构、社会团体以及供应商、经销商建立公开的信息联系，争取他们的理解和支持，通过他们的宣传，树立企业及其商品的信誉和形象。

(3) 借助公关广告。企业可以通过公关广告介绍宣传企业，树立企业形象。公关广告大致分为以下几种：一是致意性广告，即在节日或厂庆时向公众表示致意或感谢。二是倡导性广告，即企业率先发起某种社会活动或提倡某种新观念，可借助于公益广告的形式。三是解释性广告，即将企业或产品某方面的情况向公众介绍、宣传或解释。

(4) 举行专题活动。企业可通过举行各种专题活动，扩大企业影响。这方面的活动包括：举办各种庆祝活动，如厂庆、开工典礼、开业典礼等；开展各种竞赛活动，如知识竞赛、技能竞赛；举办技术培训班或专题技术讨论会等。

(5) 参与各种公益活动。企业可通过参与各种公益活动和社会福利活动，协调企业与社会公众的关系。这方面的活动包括：安全生产和环境卫生，防止污染和噪音；赞助社会各种公益事业、慈善捐助等。

公关推销案例：

英国航空公所属波音 747 客机 008 号班机，准备从伦敦飞往日本东京时，因故障推迟起飞 20 小时。为了不使在东京候此班机回伦敦的乘客耽误行程，英国航空公司及时帮助这些乘客换乘其他公司的飞机。共 190 名乘客欣然接受了英航公司的妥当安排，分别改乘别的班机飞往伦敦。但其中有一位日本老太太——大竹秀子，说什么也不肯换乘其他班机，坚决要乘英航公司的 008 号班机不可。实在无奈，原拟另有飞行安排的 008 号班机只好照旧到达东京后飞回伦敦。

一个罕见的情景出现在人们面前：东京—伦敦，航程达 13 000 千米，可是英国航空公司的 008 号班机上只载着一名旅客，这就是大竹秀子。她一人独享该机的 353 个飞机座席以及 6 位机组人员和 15 位服务人员的周到服务。有人估计说，这次只有一名乘客的国际航班使英国航空公司至少损失约 10 万美元。

从表面上看，的确是个不小的损失。可是，从深一层来理解，它却是一个无法估价的收获，正是由于英国航空公司一切为顾客服务的行为，在世界各国来去匆匆的顾客心目中换取了一个用金钱也难以买到的良好公司形象。

第三节　常用分析工具

市场营销分析，是指企业在规定的时间，对各个营销区域的各项销售工作进行的总结、分析、检讨及评估，并对下阶段的营销工作提出修正建议，然后对某些区域的营销策略进行局部调整，甚至对某些区域的销售目标计划予以重新制定的行为。因此，市场营销分析工作，是企业营销管理工作中一项极其重要的主体内容。在分析过程中，常用的分析工具有 SWOT 分析、波特五力模型和营销漏斗模型。

1. SWOT 分析

该分析法最早是由美国旧金山大学的管理学教授在 20 世纪 80 年代初提出来的。在此之前，曾有人提出过 SWOT 分析中涉及的内部优势、弱点、外部机会、威胁这些变化因素，但只是孤立地对它们加以分析，而 SWOT 法则首次用系统的思想将这些似乎独立的因素相互匹配起来进行综合分析。即将与研究对象密切相关的各种主要内部优势因素（Strengths）、弱点因素（Weaknesses）、机会因素（Opportunities）和威胁因素（Threats），通过调查罗列出来，并依照一定的次序按矩阵形式排列起来，然后运用系统分析的思想，把各种因素相互匹配起来加以分析，从中得出一系列相应的结论。这个方法，有利于人们对组织所处情景进行全面、系统、准确的研究，同时帮助人们制定发展战略和计划，以及与之相应的发展计划或对策。

进行 SWOT 分析时，主要包括以下几个方面的内容：

（1）分析环境因素

企业要运用各种调查研究方法，分析出自身所处的各种环境因素，即外部环境因素和内部能力因素。

外部环境因素包括机会因素和威胁因素，它们是外部环境对公司的发展有直接影响的有利和不利因素，属于客观因素，一般归属为经济的、政治的、社会的、人口的、产品和服务的、技术的、市场的、竞争的等不同范畴。

内部环境因素包括优势因素和弱点因素，它们是公司在其发展中自身存在的积极和消极因素，属主动因素，一般归类为管理、组织的经营、财务、销售、人力资源等的不同范畴。在调查分析这些因素时，不仅要考虑到公司的历史与现状，还要考虑公司的未来发展。具体见图 5-4。

产品的质量
产品线的宽度
……
服务态度
提高公司盈利性
产品价格
产品的可靠性
服务的及时性
产品的适用性

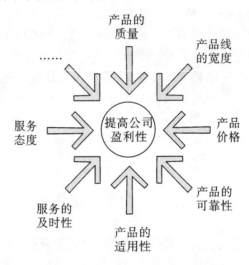

图 5-4　优势与劣势分析

（2）构造 SWOT 矩阵

企业应将将调查得出的各种因素根据轻重缓急或影响程度等排序方式，构造 SWOT 矩阵。在此过程中，将那些对公司发展有直接的、重要的、大量的、迫切的、久远的影响因素优先排列出来，而将那些间接的、次要的、少许的、不急的、短暂的影响因素排列在后面（见图 5-5）。

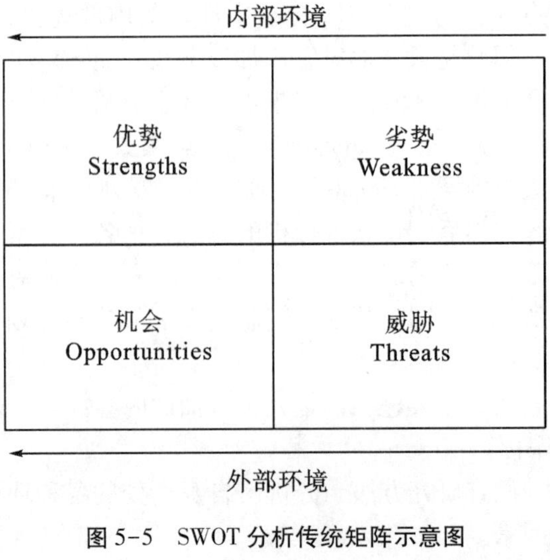

内部环境
优势
Strengths
劣势
Weakness
机会
Opportunities
威胁
Threats
外部环境

图 5-5　SWOT 分析传统矩阵示意图

（3）制订行动计划

企业在完成环境因素分析和 SWOT 矩阵的构造后，便可以制订出相应的行动计划。基本思路是：发挥优势因素，克服弱点因素，利用机会因素，化解威胁因素；考虑过去，立足当前，着眼未来。运用系统分析的综合分析方法，将排列与考虑的各种环境因素相匹配起来加以组合，得出一系列公司未来发展的可选择对策。这些对策包括：最小与最小对策（WT 对策），即考虑弱点因素和威胁因素，目的是努力使这些因素都趋于最小。最小与最大对策（WO 对策），着重考虑弱点因素与机会因素，目的是努力使弱点趋于最小，使机会趋于最大。最小与最大对策（ST 对策），即着重考虑优势因素和威胁因素，目的是努力使优势因素趋于最大，使威胁因素趋于最小。最大与最大对策（SO 对策），即着重考虑优势因素和机会因素，目的在于努力使这两种因素都趋于最大。

可见，WT 对策是一种最为悲观的对策，是处在最困难的情况下不得不采取的对策；WO 对策和 ST 对策是一种苦乐参半的对策，是处在一般情况下采取的对策；SO 对策是一种最理想的对策，是处在最为顺畅的情况下十分乐于采取的对策。

由于具体情况所包含的各种因素及其分析结果所形成的对策都与时间范畴有着直接的关系，所以在进行 SWOT 分析时，可以先划分一定的时间段分别进行 SWOT 分析，然后对各个阶段的分析结果进行综合汇总，并进行整个时间段的 SWOT 矩阵分析。这样，有助于分析的结果更加精确。

2. 波特五力模型

波特五力分析属于外部环境分析中的微观环境分析，主要用来分析本行业的企业竞争格局以及本行业与其他行业之间的关系。根据波特的观点，一个行业中存在着五种基本的竞争力量：潜在的行业新进入者、替代品的竞争、买方讨价还价的能力、供应商讨价还价的能力以及现有竞争者之间的竞争。这五种基本竞争力量的状况及综合强度，决定着行业的竞争激烈程度，从而决定着行业中最终的获利潜力以及资本向本行业的流向程度，这一切最终决定着企业保持高收益的能力（见图 5-6）。

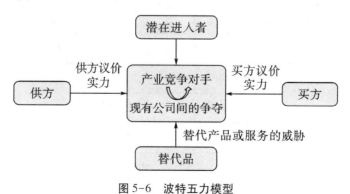

图 5-6　波特五力模型

（1）潜在进入者。这是行业竞争的一种重要力量，这些新进入者大都拥有新的生产能力和某些必需的资源，期待能建立有利的市场地位。新进入者加入该行业，会带来生产能力的扩大及对市场占有率的要求，这必然引起与现有企业的激烈竞争，使产品价格下跌；同时新加入者要获得资源进行生产，从而可能使得行业生产成本升高，这两方面都会导致行业的获利能力下降。

（2）替代品。某一行业有时会与另一行业的企业进行竞争，因为这些企业的产品具有相互替代的性质。替代产品的价格如果比较低，它投入市场就会使本行业产品的价格上限只能处在较低的水平，这就限制了本行业的收益。本行业与生产替代产品的其他行业进行的竞争，常常需要本行业所有企业采取共同措施和集体行动。

（3）买方讨价还价的能力。买方的竞争力量需要视具体情况而定，但主要由以下三个因素决定：买方所需产品的数量、买方转而购买其他替代产品所需的成本、买方所各自追求的目标。买方可能要求降低购买价格，要求高质量的产品和更多的优质服务，其结果是使得行业的竞争者们相互竞争残杀，行业利润下降。

（4）供应商讨价还价的能力。对某一行业来说，供应商竞争力量的强弱，主要取决于供应商行业的市场状况以及他们所提供物品的重要性。供应商的威胁手段一是提高供应价格，二是降低相应产品或服务的质量，从而使下游行业利润下降。

（5）现有竞争者之间的竞争。这种竞争力量是企业所面对的最强大的一种力量。这些竞争者根据自己的一整套规划，运用各种手段（价格、质量、造型、服务、担保、广告、销售网络、创新等）力图在市场上占据有利地位和争夺更多的消费者，对行业造成了极大的威胁。

3. 营销漏斗模型

营销漏斗模型指的是营销过程中将非用户（也叫潜在客户）逐步变为用户（也叫客户）的转化量化模型。营销漏斗的关键要素包括：营销的环节和相邻环节的转化率。它的价值在于其量化了营销过程各个环节的效率，帮助我们找到薄弱环节。其主要步骤如图5-7所示。

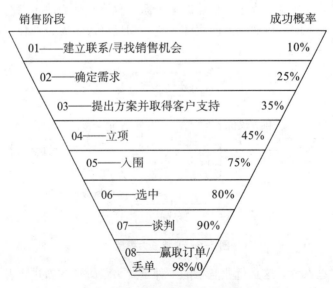

图5-7 商机销售漏斗层级图

第四节　全新营销理念的遗传密码

营销的理念在不断创新，创业者也可以根据自己的实际情况进行创新，下面介绍三种有代表性的营销理念。

1. 饥饿营销（苹果）

一段时间，由于苹果全系列产品的热销，以及大批的黄牛借助苹果产品的持续缺货而牟取暴利，甚至还爆出北京某苹果店因发生黄牛与店员冲突而暂时关门停业的新闻，让"饥饿营销"这一行销手段再次被媒体推到了风口浪尖，引起大家的广泛关注。

饥饿营销存在的理论基础是什么呢？西方经济学的"效用理论"为"饥饿营销"奠定了理论基础。"效用理论"（即消费者从对商品和服务的消费中所获得的满足感）认为，效用不同于物品的使用价值。使用价值是物品所固有的属性，由其物理或化学性质决定；而效用则是消费者的满足感，是一个心理概念，具有主观性。在特定的时间、地点、环境，某种产品或服务满足了消费者的特定需求和满足感，这种产品或服务的价值就会被极度放大，成为消费者追逐的目标。就像那个在饥饿状态中及时呈上的馒头，它的效用在当时是平时任何山珍海味都无法比拟的。人是欲望性的动物，而欲望源于社会的发展和人的进化，伴随社会的发展，人类的要求也在不断提高，人永远也无法满足自己，人类的心理特性为"饥饿营销"的运用打下了坚实的心理基础。

我们把在苹果品牌推广过程中对饥饿营销策略的成功运用归结为以下几点：

（1）贯穿品牌因素。饥饿营销通过调节供求两端的量来影响终端的售价，从而达到高价出售产品获得高额利润的目的。表面上看，饥饿营销的操作很简单，定个叫好叫座的惊喜价，把潜在消费者吸引过来，然后限制供货量，造成供不应求的热销假象，从而提高售价，赚取更高利润。而从实质来看，饥饿营销运行的始终一直贯穿着"品牌"这个因素，其运作必须依靠产品强大的品牌号召力。一个没有影响力的品牌要是去限量限产，提高价格，不仅不符合实际，还会丢掉原来可能占有的市场份额。

在实际运行过程中，饥饿营销是一把双刃剑：用好了，可以使原来就强势的品牌产生更大的附加值；用不好将会对其品牌造成伤害，从而降低其附加值。其最终目的不仅仅是产品能以更高的价格出售，更是使品牌产生更高额的附加值，从而为品牌树立起高价值的形象。

（2）选择正确产品。产品是否拥有市场，能否得到消费者的认可，是进行品牌推广中重要的一步，否则饥饿营销也是徒劳无功。产品需要有消费者的认可与接受，拥有足够的市场潜力。想要成功地开发一款产品，通常需要不断探究人的欲望，以便让产品的功能性利益、品牌个性、品牌形象、诉求情感能符合市场的心理，与消费者达成心理上的共鸣。

（3）制造适度紧缺。制造适度紧缺，是运用了人们的物以稀为贵的心理。不少经销商反映，"从 iPhone4 发布过后很久也拿不到货"，苹果利用消费群体追求品牌和品位的消费心理，配合"饥饿营销"，一次次高明地使用撇脂定价策略获取高额利润。

（4）专业媒体传播。消费者的欲望不一，程度不同，品牌推广需要进行合理专业的立体式传播。传播策略、传播时点、传播媒介、传播形式等都要进行细致规划。同时，为了保证品牌的神秘感，宣传之前要在一定时期内做好各种信息的保密工作。这也是乔布斯为什么要起诉某个科技博客作者的原因，因为对方提前泄露了一些苹果产品的信息。

另外，"饥饿营销"成功与否，与市场竞争度、消费者成熟度和产品的替代性三大因素息息相关。在市场竞争不充分、消费者心态不够成熟、产品综合竞争力和不可替代性较强的情况下，"饥饿营销"才能较好地发挥作用。

2. 感性营销（星巴克）①

星巴克在白热化的市场竞争中取得成功的背后隐藏着相应的营销体系，那就是其独特的感性营销策略。星巴克店是用玻璃建造的，因此人们从外面就可以看得到里面的情形，顾客也可以坐在咖啡店里一边休息一边透过玻璃观赏街景和来来往往的人群。星巴克以其具有透明感的休息空间一跃成为新的约会场所。

玻璃建筑物以其明亮、整洁的装修风格尤为吸引二三十岁的女性顾客，原因在于这种建筑能够触动她们的感性神经。通透的玻璃可以让路人驻足张望。原木风格的椅子和白、褐、绿三色相间的桌面显得高雅而古朴。

玻璃建造的透明建筑和色彩明快的装饰，是为了赢得顾客的信赖和引起他们的好奇心而精心设计的。这也是商家的一种策略，给顾客提供的优质服务透明化。当然，商品的透明并不能说明商品本身的质量与功能，但是至少从表面上就可以看到商家对消费者的真诚态度。

星巴克快速取得成功的原因固然是多方面的，但是最为基础的还是明确了相应的市场定位并努力地实现了这个定位。定位包括"独特体验"这一主要定位点、"到达便利"这一次要定位点，以及达到行业平均水平的其他非定位点。同时，通过组合零售营销的各个要素实现定位，当然每一个要素都要为顾客的"独特体验"利益做出贡献。最后通过关键流程的构造和重要资源的整合，保证所规划的营销组合的实现。

一项研究成果证明通过体验增值，是咖啡店的行业本质，而顾客体验又具体分为感官、情感和行动体验三个方面，因此建议咖啡店在这三个方面进行努力，以求为顾客带来独特的体验。独特体验必须要有具体的内容，并需要与竞争对手形成差异，或是内容本身不同，或是满足的水平不同，即比竞争对手做得更好。星巴克独特体验的具体内容，是"第三生活场所"和"浪漫情怀"，具有开创性质，但是随着其他竞争对手采取模仿策略，星巴克的先发优势可能会消失，这就需要星巴克做得比竞争对手更好，才能保持长久的优势。当然，也不排除调整体验内容策略的使用。

---

① 金英汉，林希贞. 星巴克的感性营销［M］. 张美花，译. 北京：当代中国出版社，2006.

3. 精准化营销

近年来，以互联网、移动互联网为基础的信息化、全球化趋势，已经深入地改变了我们的生活模式、生产模式、竞争模式。随着大数据时代的到来，人们对于精准营销的需求也正在上升。如何通过技术手段，挖掘大数据下的深层次关系，让营销更准确、有效，已经成为营销中的重中之重。精准营销有三个层面的含义：第一，精准的营销思想。营销的终极追求就是无营销的营销，到达终极思想的过渡就是逐步精准。第二，是实施精准的体系保证和手段，而这种手段是可衡量的。第三，就是达到低成本可持续发展的企业目标。

精准营销也是当今时代企业营销的关键，如何做到精准，这是系统化流程。有的企业会通过营销做好相应企业营销分析、市场营销状况分析、人群定位分析，最主要的是需要充分挖掘企业产品所具有的诉求点，实现真正意义上的精准营销。

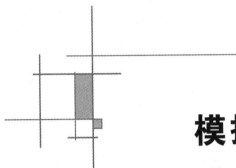

模拟运营篇

第六章 企业经营管理综合仿真实训

本章采用方宇经管类跨专业虚拟仿真综合实训平台 VTS-M 进行企业创立与经营管理的模拟训练。该实训平台虚拟了以现代制造业为核心的真实商业社会教学环境，包含企业外围经济环境、上下游供应链、企业经营运营环境与岗位作业环境；仿真了制造业与服务业协同、供应链竞合、生产业务链、流通业务链、资本运作业务链相互交织的经营模型。

该系统让学生在环境中体验，在体验中学习，形成探究式、讨论式、沉浸式学习环境，培养学生的创新思维；通过综合性训练，帮助学生由割裂的专业知识，转化为跨专业领域的融会贯通的综合能力，同时在实训中培养学生的职业素质与创业能力。

第一节 注册与登录

一、平台注册

图 6-1 和图 6-2 为平台注册界面。

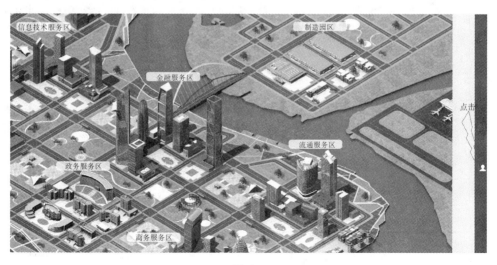

图 6-1

图 6-2

点击注册按键，出现注册信息的页面（见图 6-3），填写以下内容：

（1）正确填写用户名邮箱、密码、姓名。

（2）正确输入教师给用户独有的注册码。

（3）点击提交之后自动登录。

注册　　　　　　　　　　　　　　　　　　　　　　　　　　×

用户注册登录

用户名邮箱

输入用户名邮箱

密码

输入密码

再次确认密码

再次输入密码

姓名

输入您的姓名

学号

输入您的学号

小组注册码(8位数字)

输入小组注册码

提交

图 6-3

如果用户已经注册，直接输入用户、密码，点击登录即可。

二、企业进入

系统中存在很多类型的企业，如图6-1所示。

①制造园区（制造企业）。

②金融服务区（商业银行、会计事务所）。

③政务服务区（工商局、国家税务局）。

④流通服务区（国际货代、物流公司）。

选择③模块，点击工商局，进入企业。

点击具体企业的时候，系统会判断，如果点击的是本企业，则自动进入企业。如果不是归属企业，则进入这家企业的外围服务机构（相当于归属企业去这家企业办理业务。）

例如，如果账号绑定的企业是制造企业，需要去工商局办理企业名称预先核准。

第二节 制造企业设立

进入制造企业界面后，按照步骤进行企业设立（见图6-4）。

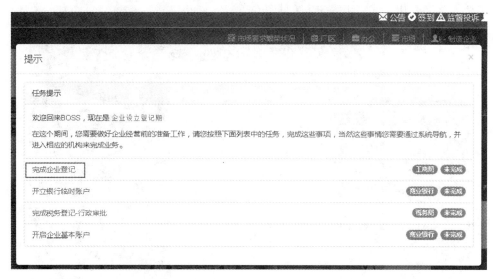

图6-4

一、企业名称预先核准

点击图6-4中的"企业登记"，进入工商局界面（如图6-5所示）。

图 6-5

点击图 6-5 中的"企业登记"，在企业名称预先核准界面中，点击"企业名称预先核准委托人代理申请书"（见图 6-6）。

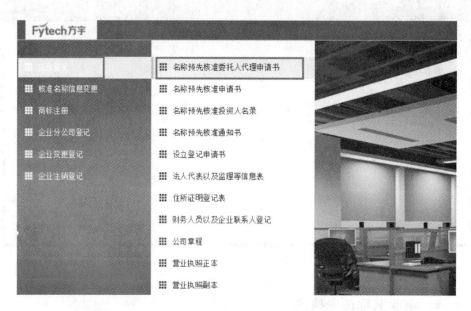

图 6-6

以下为名称预先核准委托人代理申请书样本（见图 6-7）。

名称预先核准委托书

本人 陈XX，接受投资人（合伙人）委托，现向登记机关申请名称预先核准，并郑重承诺：如实向登记机关提交有关材料，反映真实情况，并对申请材料实质内容的真实性负责。

委托人（投资人或合伙人之一）　　　　　　申请人（被委托人）

（签字或盖章）李XX　　　　　　　　　　（签字）陈XX

申请人身份证明复印件粘贴处

（身份证明包括：中华人民共和国公民身份证（正反面）、护照（限外籍人士）、长期居留证明（限外籍人士）、港澳永久性居民身份证或特别行政区护照、台湾地区永久性居民身份证或护照、台胞证、军官退休证等）

联系电话：17XXXXXXXX　　　　　　　　　　邮政编码：100000

通信地址：XXXXXXXXX　　　　　　　　　　申请日期：XXXX 年 XXXX 月 XXXX 日

图 6-7

提交后点击图 6-8 中的"流程跟踪"，就会出现如图 6-9 的流程图。

图 6-8

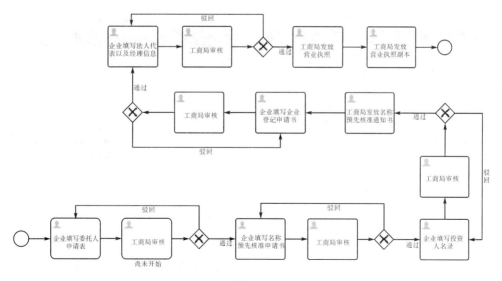

图 6-9

如图6-9，这时，"工商局审核框"为绿色，需要公司人员到工商局窗口，申请办理企业名称预先核准登记，并提交纸质的名称预先核准委托申请书，由工商局予以审核。

如果企业名称预先核准被工商局驳回，企业将看到如图6-10所示界面。

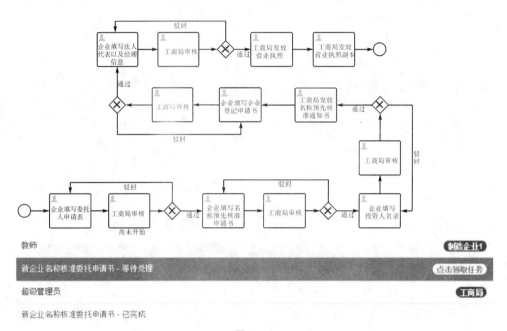

图 6-10

点击领取任务，修改后再次提交。

修改完成后，再次到工商局提出申请。

如果企业名称预先核准被工商局柜员准予通过，企业将看到如图6-11所示界面。

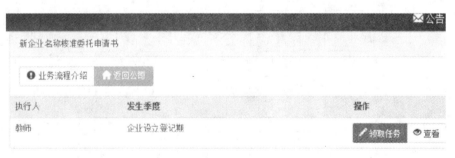

图 6-11

领取并处理任务，填写名称预先核准申请书。

图6-12为名称预先核准申请书样本。

名称预先核准申请书

申请名称	北京 AAA 科技有限公司			
备选字号	1		4	
	2		5	
	3		6	
主营业务				
企业类型	○合资经营企业○港澳台个体工商户○股份有限公司○合伙企业○有限责任公司○股份合作○个人独资企业○外资企业○集体所有制企业○个体工商户○合作经营企业○农民专业合作组织○全面所有制企业			
	○分支机构			
字号许可方式（无此项可不填写）	○投资人字号/姓名许可 ○商标授权许可 ○非投资人字号许可	许可方名称（姓名）及证照或证件号码		
注册资本（金）或资金数额或出资额（营运资金）	（小写）__1000__ 万元（如为外币请注明币种）			
备注说明				

注：①申请名称：行政区域+字号+行业特征+组织形式，例如：北京无敌科技有限公司，无敌就是其中的字号并且也是他的名字，备选字号就是需要多写几个名字，以免重复。

图 6-12

提交后查看流程跟踪将会看到图 6-9 中"企业填写名称预先核准申请书"框右边的"工商局审核"框变为绿色。

然后带纸质名称预先核准申请书去工商局柜台办理。如果被驳回，就重新修改继续提交办理。通过则会出现如图 6-13 所示界面。

图 6-13

领取任务并处理填写投资人（合伙人）名录如图 6-14 所示。

投资人（合伙人）名录

序号	投资人（合伙人）名称或姓名	投资人（合伙人）证照或身份证件号码	投资人（合伙人）类型	拟投资额（出资额）（万元）	国别（地区）或省市（县）
1	李XX	411XXXXXXXXXXXXXX	企业法人	1000	中国
2					

注：①请您认真阅读《投资办照通用指南及风险提示》中有关投资人资格的说明，避免后期更换投资人给您带来不便。

②投资人（合伙人）名称或姓名应当与资格证明文件上的名称或身份证明文件的姓名一致，境外投资人（合伙人）名称或姓名应翻译成中文，填写准确无误。申请设立分支机构，请在"投资人（合伙人）名称或姓名"栏目中填写所隶属企业名称。

③"投资人（合伙人）类型"栏，填自然人、企业法人、事业法人、社团法人或其他经济组织。

④"国别（地区）或省市（县）"栏内，外资企业的投资人（合伙人）填写其所在国别（地区），内资企业投资人（合伙人）填写证照核发机关所在省、市（县）。

⑤本页填写不下的可另复印填写。

一次性告知记录

您提交的文件、证件还需要进一步修改或补充，请您按照第____号一次性告知单中的提示部分准备相应文件，此外，还应提交下列文件：

被委托人：　　　　　　受理人：　　　　　　时间：

图 6-14

填完提交，点流程跟踪，将会看到任务流程图 6-9 中"企业填写投资人"框上方的"工商局审核"框变为绿色。

然后，带纸质《投资人名录》去工商局柜台办理。如果通过则领取任务，流程图 6-9 中"企业填写企业登记申请书"框变为绿色。此时，领取并处理任务，填写内资公司设立登记申请书，如图 6-15 和图 6-16 所示。

内资公司设立登记申请书

公司名称：　北京 AAA 科技有限公司

郑重承诺

　　本人 李XX 拟任 北京 AAA 科技有限公司 （公司名称）的法定代表人，现向登记机关提出公司设立申请，并就如下内容郑重承诺：

　　1．如实向登记机关提交有关材料，反映真实情况，并对申请材料实质内容的真实性负责。

　　2．经营范围涉及照后审批事项的，在领取营业执照后，将及时到相关审批部门办理审批手续，在取得审批前不从事相关经营活动。需要开展未经登记的后置审批事项经营的，将在完成经营范围变更登记后，及时办理相应审批手续，未取得审批前不从事相关经营活动。

　　3．本人不存在《公司法》第一百四十六条所规定的不得担任法定代表人的情形。

　　4．本公司一经设立将自觉参加年度报告，依法主动公示信息，对报送和公示信息的真实性、及时性负责。

　　5．本公司一经设立将依法纳税，自觉履行法定统计义务，严格遵守有关法律法规的规定，诚实守信经营。

法定代表人签字：李XX

XXX 年 X 月 X 日

图 6-15

登记基本信息表

公司名称	北京 AAA 科技有限公司		
住所	北京 市 海淀 区（县） 1610 （门牌号）		
生产经营地	北京 省（区、市） 北京 市 海淀 县 1610（门牌号）		
法定代表人	李XX	注册资本	1000 万元
公司类型	有限责任公司		
经营范围	手机制造		
经营期限	长期/20 年	申请副本数	1 份
股东（发起人） 名称或姓名	李XX		

注：①填写住所时请列详细地址，精确到门牌号或房间号，如"北京市××区××路(街)××号××室"。
　　②生产经营地用于核实税源，请如实填写详细地址；如不填写，视为与住所一致，发生变化的，由企业向税务主管机关申请变更。
　　③公司"法定代表人"指依据章程确定的董事长（执行董事或经理）。
　　④"注册资本"有限责任公司为在公司登记机关登记的全体股东认缴的出资额；发起设立的股份有限公司在公司登记机关登记的全体发起人认购的股本总额；募集设立的股份有限公司为在公司登记机关登记的实收股本总额。

图 6-16

填写完毕之后提交，查看任务流程，如图 6-9 中"企业填写企业申请登记书"框左边的"工商局审核"框，变为绿色。

然后，携带纸质内资公司设立登记申请书去工商局柜台办理。如果驳回则修改再提交。如果通过则图 6-9 中"企业填写法人代表及经理信息"框变绿色，领骤任务，填写法定代表人、董事、经理、监事信息表，如图 6-17 所示。

法定代表人、董事、经理、监事信息表

股东在本表的盖章或签字视为对下列人员职务的确认。如可另行提交下列人员的任职文件，则无需股东在本表盖章或签字。

姓名	现居所	职务信息			是否为法定代表人	法定代表人移动电话
		职务	任职期限	产生方式		
李 XX	北京	CEO	3	选举	是	170XXXXXXXX
全体股东盖章签字	李 XX					

注：①本页不够填的，可复印续填。

②"现居所"栏，中国公民填写户籍登记住址，非中国公民填写居住地址。

③"职务"指董事长（执行董事）、副董事长、董事、经理、监事会主席、监事。上市股份有限公司设置独立董事的应在"职务"栏内注明。

④"产生方式"按照章程规定填写，董事、监事一般应为"选举"或"委派"；经理一般应为"聘任"。

⑤担任公司法定代表人的人员，请在对应的"是否为法定代表人"栏内填"√"，其他人员勿填此栏。

⑥"全体股东盖章（签字）"处，股东为自然人的，由股东签字；股东为非自然人的，加盖股东单位公章。不能在此页盖章（签字）的，应另 行提交有关选举、聘用的证明文件。

图 6-17

填写完毕并提交，点击流程跟踪会，图 6-9 中"企业填写法人代表以及经理信息"框右边"工商局审核"框变绿。

此时带纸质的法定代表人、董事、经理、监事信息表去工商局办理，等待工商局发营业执照即可。

现在，可以开始进行税务登记，点击图 6-18 中"完成税务登记—行政审批"，进入到如图 6-19 所示界面。

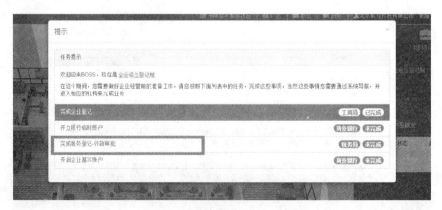

图 6-18

图 6-19

在如图 6-19 的界面点击"行政审批",进入如图 6-20 所示的界面。

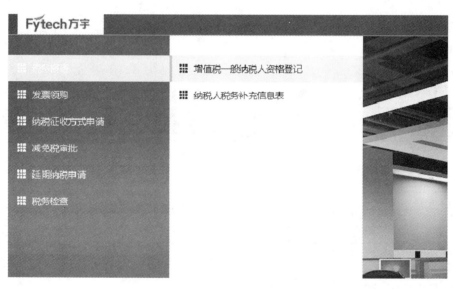

图 6-20

在如图 6-20 的界面中点击"税务报道—增值税一般纳税人资格登记",进入如图 6-21 所示的界面。

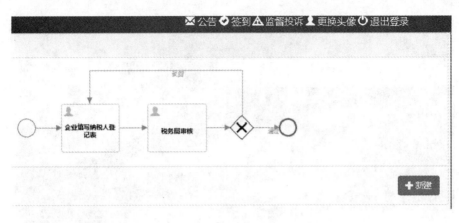

图 6-21

在如图 6-21 的界面中点击"新建",填写增值税一般纳税人资格登记表,如图 6-22 所示。

增值税一般纳税人资格登记表

填表日期 2016-8-22

社会信用代码(纳税人识别号)	184663288094065280				
纳税人名称	北京航佳科技有限公司				
法定代表人(负责人、业主)	李XX	证件名称及号码	XXXXXXXXXXXXXXX	联系电话	XXXXXXX
财务负责人	钱XX	证件名称及号码	XXXXXXXXXXXXXXX	联系电话	XXXXXXX
办税人员	钱XX	证件名称及号码	XXXXXXXXXXXXXXX	联系电话	XXXXXXX
税务登记日期	2016-8-22				
生产经营地址	北京市海淀区中关村666号				
注册地址	北京市海淀区中关村666号				
纳税人类别(单选):	◉企业 ○非企业性单位 ○其他 ○个体工商户				
主营业务类别:	◉工业 ○其他 ○服务业 ○商业				
会计核算健全	◉是				
一般纳税人资格生效之日	○次月1日 ◉当月1日				

填表说明:
1.本表由纳税人如实填写。
2.表中"证件名称及号码"相关栏次,根据纳税人的法定代表人、财务负责人、办税人员的居民身份证、护照等有效身份证件及号码填写。
3.表中"一般纳税人资格生效之日"由纳税人自行勾选。
4.本表一式二份,主管税务机关和纳税人各留存一份。

提交

图 6-22

填写完毕提交并点击如图 6-23 中的"流程跟踪",弹出如图 6-24 所示的界面,"税务局审核"框为绿色。

图 6-23

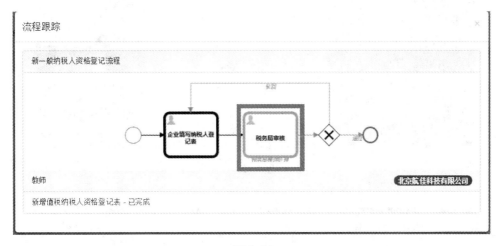

图 6-24

此时，带纸质增值税一般纳税人资格登记表去税务局柜台办理，驳回就修改继续提交，通过则出现如图 6-25 所示界面。

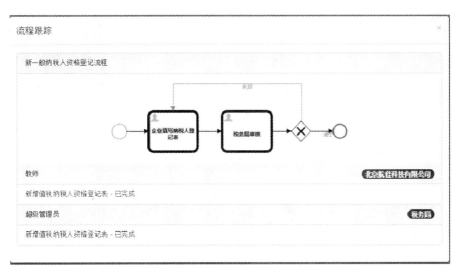

图 6-25

此时点击如图 6-26 中的"税务报道—纳税人补充信息表",弹出如图 6-27 所示的界面。

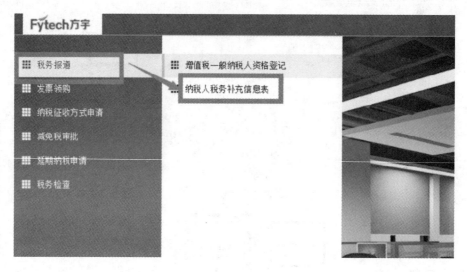

图 6-26

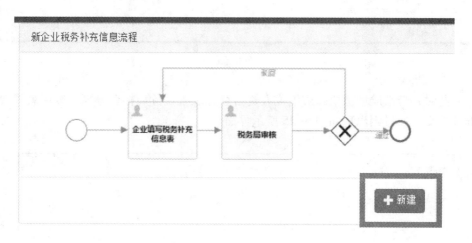

图 6-27

在如图 6-27 所示的界面中点击"新建",填写纳税人补充信息表,表样如图 6-28 所示。

纳税人税务补充信息表

统一社会信用代码			纳税人名称			
核算方式			从业人员			
适用会计制度						
生产经营地	_____省（市/自治区）_____市（地区/盟/自治州）_____县（自治县/旗/自治旗/市/区）_____乡（民族乡/镇/街道）_____村（路/社区）_____号					
办税人员	身份证件种类	身份证件号码	固定电话	移动电话	电子邮箱	
张××	身份证					
财务负责人	身份证件种类	身份证件号码	固定电话	移动电话	电子邮箱	
李××	身份证					
税务代理人信息						
纳税人识别号		名称	联系电话	电子邮箱		
代扣代缴代收代缴税款业务情况						
代扣代缴、代收代缴税种			代扣代缴、代收代缴税款业务内容			
企业所得税						
一般增值税						
经办人签章（签字）：_____年_____月_____日			纳税人公章（签字）：_____年_____月_____日			
国标行业（主）			主行业明细行业			
国标行业（附）			国标行业（附）明细行业			
纳税人所处街乡			隶属关系		国地管户类型	
国税主管税务局			国税主管税务局（科、分局）			
地税主管税务局			地税主管税务局（科、分局）			
经办人			信息采集日期			

图 6-28

填写完毕提交，查看流程跟踪，返回公司，点击如图 6-29 中的"开立银行临时账户"打开如图 6-30 的界面。在如图 6-30 的界面中，点击"开户业务—临时账户开户申请"，打开如图 6-31 所示界面。

图 6-29

图 6-30

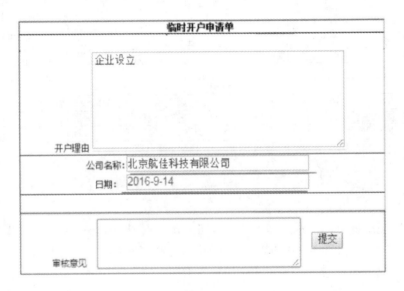

图 6-31

在如图 6-31 的界面中填写临时账户申请单，提交后点击流程跟踪，打开如图 6-32 的界面。

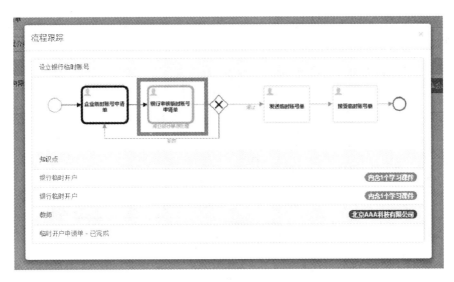

图 6-32

如图 6-32，看到"银行审核临时账号申请单"框，变为绿色，去银行办理即可，银行办理完毕之后在如图 6-33 的界面上点击"领取任务"，打开如图 6-34 的界面。

图 6-33

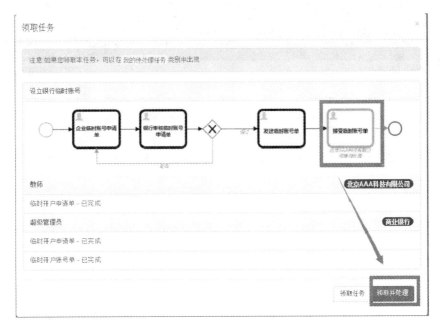

图 6-34

如图 6-34，"接受临时账号单"框变为绿色，点击领取并处理，打开如图 6-35 的界面。

临时账户

兹有企业设立，允许 北京航佳科技有限公司 开立临

时账户，账号为：2016091411432000520 。

商业 银行

提交

图 6-35

在如图 6-35 所示的界面中点击"提交"，返回公司就会看到如图 6-36 所示的界面，还剩下开启企业基本账户的任务。

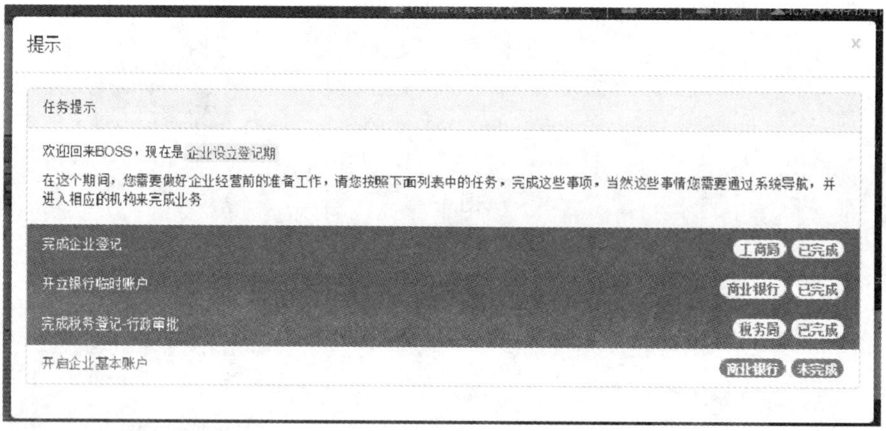

图 6-36

在如图 6-36 所示的界面中，点击"开启银行基本账户"，打开如图 6-37 所示的界面。

图 6-37

在如图 6-37 所示的界面中点击"开户业务",打开如图 6-38 所示的界面。

图 6-38

在如图 6-38 所示的界面中,点击"企业基本开户业务",新建并填写银行开户申请表,如图 6-39 所示。

图 6-39

在如图 6-39 所示的界面中，填写完毕后提交，等待银行审批过后，填写开立单位银行结算账户申请书，如图 6-40 所示。

开立单位银行结算账户申请书

存款人	北京航佳科技有限公司		电话	
地址			邮编	
存款人类别		社会信用代码		
⦿单位负责人 ◯法定代表人	姓名			
	证件种类			
行业分类	◯D ◯E ◯F ◯G ◯A ◯B ◯C ◯L ◯M ◯N ◯O ◯H ◯I ◯J ◯K ◯T ◯Q ◯P ◯S ◯R			
注册资金		地区代码		
经营范围				
证明文件种类		证明文件编号		
税务登记证编号 （国税或地税）				
关联企业	关联企业信息填列在"关联企业登记表"上			
账户性质				
资金性质		有效日期至		年□ 月□ 日

以下栏目由开户银行审核后填写：

开户银行名称	商业银行	开户银行机构代码	
账户名称	北京航佳科技有限公司	账号	
基本存款账户开户许可证核准号		开户日期	

图 6-40

填写完毕后提交等待审批，审批通过则会显示已完成，如图 6-41 所示。

开启企业基本账户　　　　　　　　　　　　　　　　　　商业银行　已完成

图 6-41

二、系统假设、数据模型与经营规则

（一）系统假设

《经济管理综合实验》业务流、数据流与资金流的相互贯通是基于一定的系统假设、数据模型以及一系列经营规则来实现的。其系统假设包括：

1. 生产主体假设

为使实验具有直观性、代表性和可操作性，本实验选择学生较为熟悉的手机制造业作为经营模拟的行业，同时假设该手机制造行业是一个从生产技术水平较低向研发、生产高技术产品发展的成长性行业。

本系统假定由学生组成的若干家手机生产制造企业为生产经营主体，每家企业的注册资本金为 1 000 万元，模拟 L、S、O 及 H 型四种不同类型的手机产品的生产及经营管理过程。在一定的经营规则下，每家企业可以自由生产、自主决策、公平竞争。

2. 经营分期假设

该系统假定企业在存续期，连续生产、分期经营、逐期核算。一个经营周期是指企业从战略决策开始，到产品生产、销售、交付的全过程。经营分期假设是指将企业生产经营活动期间划分为若干连续的、长短相同的期间。每个企业从经营准备期开始，依靠企业经营管理决策层在调查研究的基础上，在基础设施建设、产品研发、市场开拓、产品销售、人力资源管理、信息化等方面做出科学决策，使企业逐步成长、发展壮大。

3. 模拟市场假设

本系统模拟具有一定竞争性的"买"方市场，即各期产品市场总需求略小于市场总供给。其中，"买"方由系统模拟，"卖"方由若干家手机生产制造企业组成。

此外，全部市场划分为东北市场、南部沿海市场、黄河中游市场、大西北市场、北部沿海市场、长江中游市场六个国内分市场和亚洲市场一个国际分市场。

4. 产品生命周期假设

本系统模拟 L、S、O 及 H 型四种不同类型的手机产品的生产及经营管理过程。各产品需求生命周期曲线如图 6-42 所示。

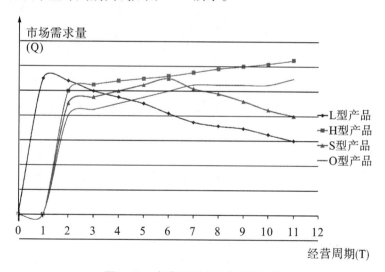

图 6-42　各产品需求生命周期曲线

5. 外部服务环境假设

假定企业是在与外部服务部门交互中开展竞争的，因而企业在经营过程中，除了要遵守企业经营规则外，还必须遵守外部服务部门的各项约定，做到合法经营、灵活运用，在竞争中求生存、谋发展。

（二）数据模型

本综合实验以企业竞争模拟为核心，其数据模型主要有：

1. 市场供需模型

（1）市场供给总量

设有若干家手机生产企业，企业初始准备期为第 0 期，共经营 $n+1$ 期，$i=1$，2，3，4 分别代表 L、S、O 及 H 四种不同类型的产品；又设 $TS_{(i,j-1)}$ 为第 i 产品第 $j-1$ 期市场全部企业供给总量，$TP_{(ij)}$ 为第 i 产品第 j 期市场全部企业生产总量。则

$$TS_{i,j-1} = F[TP_{(ij)}], \quad (j=1,\cdots,n+1)$$

即本期市场供给总量由上期市场生产总量决定。

（2）市场需求总量及分市场需求量

首先，在本期市场供给总量确定的基础上，系统模拟给出该四种产品在企业竞争不同时期的市场需求总量。各期市场需求总量模型如下：

$$TD_{ij} = k_{ij} \cdot TS_{(i,j-1)}, \quad (j=1, \cdots, n+1)$$

其中，TD_{ij} 为第 i 产品第 j 期市场需求总量，k_{ij} 为第 i 产品第 j 期供需比例，该比例由系统根据 L、S、O 及 H 型四种产品的生命周期曲线模拟给出。

其次，各产品分市场需求量由分市场需求比例决定。设 DD_{ij} 第 i 产品第 j 期某分市场需求总量，m_{ij} 为第 i 产品第 j 期某分市场需求比例，则各产品分市场需求量模型如下：

$$DD_{ij} = m_{ij} \cdot TD_{(i,j)}, \quad (j=1, \cdots, n+1)$$

其中，m_{ij} 即某分市场第 j 期市场需求比例，$TD_{(i,j)}$ 为第 j 期全部企业对某分市场投入总金额占全部市场投入总金额的比重。

（3）供需平衡

系统通过调整产品供需比例 k_{ij}（取值为 0.95~1.05），实现供需平衡。

2. 企业竞单模型

（1）订单数量模型

第 i 产品第 j 期某分市场需求总量 D_{ij}，即为该产品该期各分市场订单总数。订单数量模型如下：

$$DD_{ij} = m_{ij} \cdot TD_{(i,j)} = m_{ij} \cdot k_{ij} \cdot TS_{(i,j-1)}$$

即某产品某分市场的订单总数量由该产品本期市场供需比例 k_{ij}、该产品本期分市场需求比例 m_{ij} 及上期所有企业该产品的产能总量决定。该期全部产品订单形成订单池，供企业竞单。

（2）产品定价模型

企业参与竞单的前一期，需对本企业生产的产品进行定价。产品定价取决于所生产产品的单位成本。产品定价模型如下：

本期产出产品的成本价 = [（管理费用 + 销售费用 + 财务费用）÷当期生产产品个数] + 直接成本(原材料)

（3）竞单得分模型

企业根据自身需求向订单池申请订单，所申请个数由企业自行决定。系统根据竞单得分模型计算企业竞争力，并按照企业竞争力大小排序，竞单得分最多，企业竞争力越大。竞单得分=价格分+市场影响力得分+质量分。

企业竞单模型如图6-43所示。

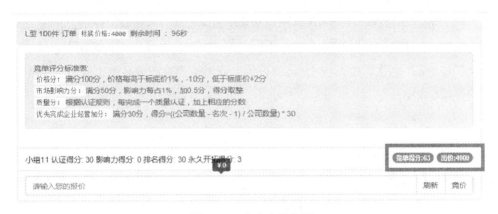

图 6-43　企业竞单模型

标底价格：4 000。

价格分：卖出的价格高于标底1%，则扣10分，例如（出价4 040，则扣除10分）；卖出的价格低于标底1%，则加2分，例如（出价3 960，则加2分）。满分100分；若出价为4 010，高出标底价0.25%，此时四舍五入不扣分。

市场影响力：影响力（影响力 = 本企业市场有效投资总额÷该市场所有有效投资总额，其取值范围为0～100%）占1%，加0.5分，例如：占50%，得分25分。

质量分：即产品认证分。每完成一个质量认证，加相应的分值。

永久开拓得分：永久开拓的市场都加3分。

3. 产品交付模型

企业根据产品竞单价及竞单数量向系统进行产品交付，系统在下一期收回货款并进行成本利润核算。产品交付时需支付运输费用，由物流公司和核心企业沟通定价。

第三节　制造企业经营

一、厂区

系统为制造公司提供了六种不同的厂区区域，即京津唐经济特区、环渤海经济特区、长三角经济特区、珠三角经济特区、东北老工业基地、西部大开发基地，每个区域内都有不同类型的大、小型厂区可供选择。

本系统中的厂区相当于土地，企业购置厂区后，在厂区内可以依需要分别建设产成品库、原材料库、厂房。在厂区决策中，企业竞争者需共同遵守如下规则：

（1）系统默认每个企业在整个经营过程中，只能购买一个厂区；

（2）购买厂区后，所有类型厂区系统默认一定大小面积，可以根据需要建设产成品库、原材料库、厂房；

（3）当企业在经营过程中要求增加各类建筑物数量时，需对厂区进行扩建。厂区每期都有一定的扩建的面积，每次扩建面积=厂区现有面积÷(已扩展次数+1)^2，每次扩建金额=每次扩建面积×土地的价钱。或用于建造产成品库，或用于建造原材料库或厂房；

（4）厂区购买必须一次性付款；

（5）不同厂区的土地价格不同，不同类型的厂区，面积大小不同；

（6）厂区购买后，不需要支付开拓费用即可拥有本地市场资格，并在系统中将该市场标记为"本地市场"，并在竞单中具有永久市场的分值。

厂区决策相关参数如表6-1所示。

表6-1　　　　　　　　　　　　厂区基本情况表

所在地区	代表城市	类型	土地价格（元/m²）	厂区面积（m²）	每期最大可扩建面积（m²）	竞单加分
京津唐地区	北京	小型	1 000	1 000	1 200	3
		大型	1 000	1 200	1 000	3
环渤海地区	大连	小型	850	1 000	1 200	3
		大型	850	1 200	1 000	3
长江三角洲地区	武汉	小型	800	1 000	1 200	3
		大型	800	1 200	1 000	3
珠江三角洲地区	深圳	小型	1 100	1 000	1 200	3
		大型	1 100	1 200	1 000	3
东北老工业基地	吉林	小型	900	1 000	1 200	3
		大型	900	1 200	1 000	3
西部大开发基地	成都	小型	700	1 000	1 200	3
		大型	700	1 200	1 000	3

根据公司决策内容选择公司建厂地址，点击每个厂区的时候，可以显示该市场在本地的市场份额，做出决策后购买并签收（见图6-44）。

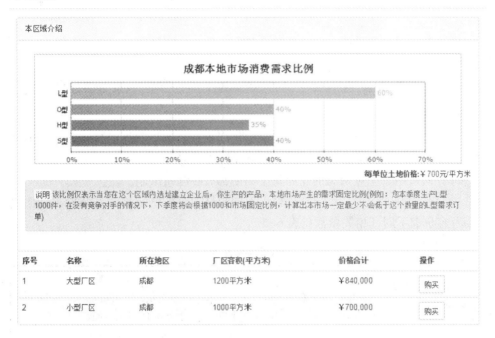

厂区选址   ×

本区域介绍

成都本地市场消费需求比例

L型 ▬▬▬▬▬▬▬ 60%
O型 ▬▬▬▬ 40%
H型 ▬▬▬ 35%
S型 ▬▬▬▬ 40%

0%   10%   20%   30%   40%   50%   60%   70%

每单位土地价格：￥700元/平方米

说明 该比例仅表示当您在这个区域内选址建立企业后，你生产的产品，本地市场产生的需求固定比例(例如：您本季度生产L型1000件，在没有竞争对手的情况下，下季度将会根据1000和市场固定比例，计算出本市场一定最少不会低于这个数量的L型需求订单)

序号	名称	所在地区	厂区容积(平方米)	价格合计	操作
1	大型厂区	成都	1200平方米	￥840,000	购买
2	小型厂区	成都	1000平方米	￥700,000	购买

图 6-44

签收完成后，显示厂区画面，并根据企业要求进行厂房、仓库、厂区扩建等。

厂区购买后，当季度可以使用；扩建后，当季度可使用。

厂区内的建筑物，当季度租赁或者是建造后，当季度可以使用，租赁的建筑物不占用厂区的面积，建造的建筑物占用厂区面积。

仓库的吞吐量每个季度开始重新会还原到最初数值。

本系统中的固定资产主要包括厂房、库房及生产线等。固定资产的形成可选择购买（自行建造）或者租赁。购买须一次性付款，支付后可立即投入使用，购买的固定资产每经营期须承担维护费用，维护费用在下一期支付；租赁的固定资产在租赁后即可投入使用，每经营期须承担租赁费，租赁费在下一期支付。

无论购买或租赁的厂房或库房都需支付原材料或产成品保管费用。对存放在库房中的原材料和产成品按照期末存放的数量收取保管费用。

1. 厂房购建规则

（1）购买厂区后，企业可以根据规划决策，选择购买（自行兴建）厂房，企业只有购买厂房后，才可以购买生产线。

（2）厂房有大、中、小三种规格，不同规格厂房的价格、面积大小及容量都不同。

其基本参数见表6-2。

表 2　　　　　　　　　　　　　厂房基本信息表

厂房类型	容量（条）	兴建价格（元）	厂房面积（平方米）	折旧期限（周期）
小型厂房	1 条	250 000	200	40
中型厂房	2 条	400 000	400	40
大型厂房	3 条	600 000	500	40

2. 仓库购建规则

（1）选择购买厂区后，企业可以根据规划决策，选择购买（自行兴建）或者租赁仓库，用来存放开展生产所需的原辅材料及产成品。

（2）系统中，企业购买的仓库每个周期都有吞吐量限制。

（3）仓库有大、中、小三种规格，不同规格的仓库的价格、吞吐能力、面积大小及容量都不同，相关参数见表6-3。

表 6-3　　　　　　　　　　　　　仓库基本信息表

产成品库类型	容量（件）	兴建				租赁	吞吐量
		兴建价格（元）	维护费用（元/季度）	折旧期限（季度）	占地面积（平方米）	租赁费（元/季度）	
小型仓库	3 000	300 000	2 000	40	300	80 000	10 000
中型仓库	6 000	600 000	2 000	40	500	100 000	20 000
大型仓库	12 000	800 000	2 000	40	1 000	200 000	30 000

二、生产部

（一）生产线

（1）企业可以根据生产决策，购买生产线，用于组织开展生产。

（2）购买的生产线须安放在厂房中，厂房容量不足时，无法购买安装生产线。

（3）购买生产线一次性支付全部价款，在价款支付完毕后开始安装，在安装周期完成的当季度可投入使用。

（4）生产线的产能初始都为0，每种生产线都有最大产能。企业必须通过招聘生产工人和生产管理人员，并且将人员调入生产线进行生产，使生产线的产能得到提高，产能最大只能提高到最大产能。人员使用表示每个人员在生产线提高的产能。

（5）每条生产线都具有技术水平，只能产出低于或者等于该生产线技术水平的工艺产品。生产线的产量＝（生产线水平－产品的工艺水平）×产能。每条生产线都可以升级技术水平，提升的水平＝当前技术水平÷2÷提升次数；提升费用＝生产线购买价格÷2。当生产线水平与产品的工艺水平相等时，1个产能对应0.5个产量。

（6）生产线转产须在生产线建成完工，而且在空闲状态下才能进行。转产不须支付转产费，但有的生产线有转产周期，并且注意转产期间不能对这条生产线进行任何操作，因此在转产之前，如果需要调查人员，应先调出人员，然后再进行转产。

（7）系统中模拟四种类型的生产线，不同生产线的价格、技术水平、强度及产能各不相同，详细信息见表6-4。

表6-4 生产线基本信息表

生产线类型	购买价格（元）	安装周期（周期）	转产周期（周期）	技术水平	最大产能（件/季度）	人员使用率	折旧期限（季度）
劳动密集型生产线	500 000	0	0	2	500	50%	40
半自动生产线	1 000 000	0	1	3	500	100%	40
全自动生产线	1 500 000	1	1	4	450	1 000%	40
柔性生产线	2 000 000	1	0	4	400	300%	40

由表6-4可知：

（1）劳动密集生产线、柔性生产线购买—签收—验收后，可以购买原材料，直接投入生产；半自动、全自动的生产线需要一个季度的安装周期。

（2）每条生产线的周期全部为一个季度，到下个季度后产品可入库。

（3）生产线由现有的生产产品改为其他的产品生产（包括不同工艺）需要一个季度的转产周期。

（4）生产线的强度是会降低的，降低后需要进行维修，维修时间为一个季度。

（5）生产线的产量＝（该生产线的技术水平－工艺水平）×生产线产能（工人的能力×人员利用率）。

（6）产品研发在投入研发后，下季度才能看到研发结果是否成功。

（二）产品研发

（1）制造企业初始都可以生产L型产品A型工艺清单，如果企业想生产新的产品，就需要投入资金和科研人员进行产品研发。

（2）本期投入资金，下一期系统会提示产品研发是否成功。如果研发成功率达到100%，下一期肯定研发成功。研发成功的当季度可以投入生产。

（3）产品研发的流程如下：

①所有产品的工艺改进都需要研发；

②研发成功H型产品后才可以研发其他产品（O型，S型）。

各类产品研发的具体信息见表6-5。

表6-5 产品研发基本信息表

研发项目	基本研发能力要求	最少投放资金	推荐资金	代表BOM	技术水平
L型产品研发	0	0	0	L型产品A型工艺清单	1
L型产品工艺改进	50	100 000	300 000	L型产品B型工艺清单	0
H型产品研发	100	300 000	1 000 000	H型产品A型工艺清单	2
H型产品工艺改进	50	100 000	300 000	H型产品B型工艺清单	1

表6-5(续)

研发项目	基本研发能力要求	最少投放资金	推荐资金	代表 BOM	技术水平
O 型产品研发	100	1 000 000	2 000 000	O 型产品 A 型工艺清单	3
S 型产品研发	100	1 500 000	3 000 000	S 型产品 A 型工艺清单	4
高端工艺改进	30	300 000	600 000	O 型产品 B 型工艺清单	2
				S 型产品 B 型工艺清单	3

其中，基本研发能力要求：对应研发人员的研发能力，只有该研发项目的研发人员能力达到该项要求后，研发才能开始。

推荐资金：推荐企业在资金有效期内达到的资金额，以保证研发成功。

资金有效期：企业投入研发资金能够对研发产生效果的时间。产品研发可一次性集中投入资金研发，也可分期投入资金研发。

研发成功率=企业投入的有效研发资金÷推荐资金×80%+（投入的研发人员研发能力﹣基本研发能力要求）÷100×20%)-(20%~40%)

（三）产品 BOM 结构

产品物料清单（BOM 结构）图如图 6-45 和图 6-46 所示（括号中的数字为所需原材料个数）。

1. 制造企业

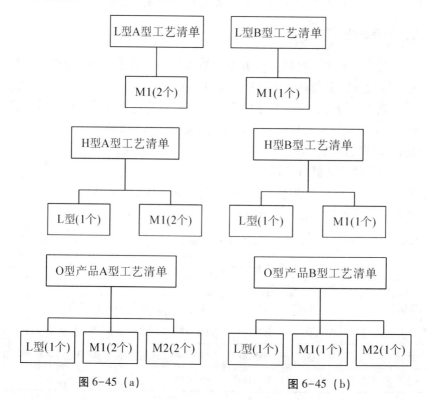

图 6-45（a）   图 6-45（b）

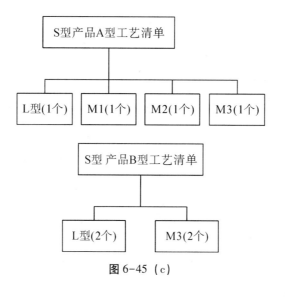

图 6-45 （c）

2. 供应商

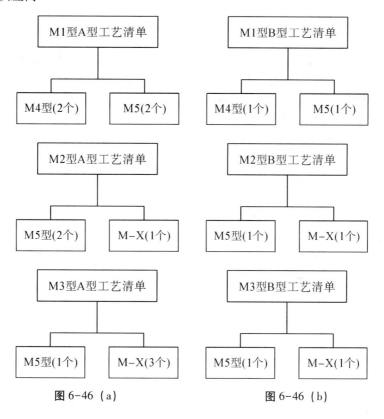

图 6-46 （a）　　　　　图 6-46 （b）

（四）产品生产

（1）各生产线可以生产企业研发成功的产品，但只能生产一种产品，如要生产其他类型产品，需进行转产。

（2）制造企业的生产周期均为 1 期，供应商的生产周期为 0 期。

（五）产品库存

（1）产品存放在产成品库房，所有存放在仓库的产品均发生库存成本。
（2）库存成本按照季末库存数量计算，一次性支付。

库存费用详细信息见表6-6。

表6-6　　　　　　　　　　　产成品费用一览表

产成品名称	市场售价（元）	库存成本（元/件·季度）
L 型	4 000	250
H 型	6 000	400
O 型	8 000	400
S 型	10 000	400

三、采购部

（一）原材料采购

企业组织生产需提前按照产品 BOM 结构采购原辅材料；当供应商采购某种原辅材料时，系统供货的时间可选择本期供货和下一期供货，本期供货价钱多出一倍，下期供货原价购买；制造企业与供应商采购原材料的价格需要双方谈判协商。库存成本在每期期末按库存的材料数量计算，在下一期支付。

原辅材料的详细信息见表6-7。

表6-7　　　　　　　　　　　原辅材料费用信息表

原辅材料名称	原材料平均市场价格（元）	库存成本（元/件）
M4	30	50
M5	50	50
M-X	80	50

（二）产品交易

由采购方创建交易，在采购部的采购合同里创建交易，选择采购的物料（原材料和产成品），选择被采购的小组，选择到货时间，输入数量和所有货物的总金额（含税价，总金额包括增值税）（见图6-47）。

平台内企业之间的交易货物是当期到，但是货款是在下个季度初到销售方账户中。

图 6-47

注意:

(1) 紧急采购当季度是可以收到原材料的。

(2) 下期采购后在下个季度才能收到该单原材料。

(3) BOM 单可以查看该产品的工艺水平。

四、市场部

(1) 企业可以通过各种宣传手段,如投入广告费等来开拓市场和提高市场影响力。

(2) 本期投放的广告费用在下一期生效,每种宣传手段每期只能投入一次。市场投资的宣传手段详细信息见表 6-8。

表 6-8　　　　　　　　各宣传手段信息表

宣传手段	最少投入资金(元/市场)	资金分配比率	投放形式	每季度允许投放次数
网络新媒体广告	400 000	50%	群体市场	1
电视广告	300 000	100%	个体市场	1
电影广告植入	600 000	150%	个体市场	1
产品代言	500 000	60%	群体市场	1

其中,资金分配比率是指投入本项宣传的广告费将会按照分配率进入选中的市场形成有效资金。

例:A 企业采用"网络新媒体"向"东北""长江中下游""京津唐"三地

共投入 100 万，按照分配比率每市场将实际在三个市场同时产生 100 万×50%＝50 万的有效资金；个体投放和群体投放的区别在于，个体投入的广告一次只能面向一个市场，而群体投放则允许一笔广告费同时投入多个市场。

（3）临时性开拓与永久开拓。当某季度进入该市场的有效资金超过该市场的"临时性开拓所需"时，则当季度该市场标注为"开拓"。企业可以接收本市场的订单，不需要支付维护费用。"临时开拓所需资金""永久性开拓所需"详细信息见表 6-9。

表 6-9　　　　　　　　　　　　　市场开拓费用表

市场名称	代表城市	临时性开拓所需（元）	永久性开拓所需（元）	永久市场竞单加分
东北	沈阳	200 000	3 000 000	3
南部沿海	深圳	250 000	3 000 000	3
黄河中游	北京	300 000	4 000 000	3
欧洲	伦敦	300 000	5 000 000	3
大西北	成都	250 000	2 000 000	3
北部沿海	大连	250 000	1 500 000	3
长江中游	武汉	150 000	1 500 000	3

（4）企业投入市场的有效资金数额直接影响企业在本市场的市场影响力。

市场影响力计算方法：某市场影响力＝本企业市场有效投资总额÷该市场所有有效投资总额。

市场影响力将直接影响企业在本市场的销售竞单的竞标得分，影响办法见图 6-43"销售竞单规则"。

五、企业管理部

（一）企业资质认证

资质认证包括 ISO9000 和 ISO14000，企业通过资质认证后将降低销售竞单中的竞标扣分。

资质认证详细信息见表 6-9。

表 6-9　　　　　　　　　　　　　资质认证信息表

资质认证名称	需要时间（季度）	最少投入（元/季度）	竞单加分	总投入（元/季度）
ISO9000	1	1 000 000	10	1 000 000
ISO14000	2	500 000	10	1 000 000

其中，所需时间：认证所需要花费的时间，当资金投入完成后，认证通过后，该认证正式获得。

增加产品竞单得分：一旦认证获取后，竞单中会得到相应的得分。

总投入：资金有效期投入资金总和达到该数值时，开始申请质量认证。

（二）人力资源

驱动生产线生产、提高研发项目的效率都需要员工，企业通过人力资源管理，可以招聘各式各样的人才，并且将人员分配到合适的岗位开始工作。每种类型的人员都有各种能力，企业在人才招聘时，应注意能力的搭配，在尽可能减少人力成本的同时，提高工作效率。相应规则如下：

（1）招聘的人员在当季即可投入工作，招聘费用在招聘时立即支付。

（2）科研人员进入研发项目后，在产品研发成功以前，可以随时调出。

（3）生产工人在产品完工之前不能从生产线上调出。当每季度产品投产前，生产工人可自由调度。

（4）人员工资在下一季度支付。

（5）向生产线安排生产类人员是提升生产线产能的唯一途径。人员安排有多种组合，其主要决策为减少人力成本，提高生产效率。多种组合计算方式为：

总提升产能＝专业能力(工人)×人数(工人数量) ＋ 专业能力(工人)×人数(工人数量)×管理能力百分比(车间管理人员)×人数(车间管理人员人数)

总提升研发能力＝科研人员专业能力×人数（科研人员数量）

（6）解聘人员时，除支付本季度工资之外需另支付两个月工资。

（7）人员为空闲状态时也需要支付工资。

人力资源详细信息见表6-10。

表6-10 人力资源信息表

人员类型	招聘费用（元）	人员类型	生产能力（件/人）	生产能力提高率（%）	研发能力	工资（元/人.季度）
初级工人	6 000	生产人员	10	0	0	4 000
高级工人	10 000	生产人员	20	0	0	6 000
车间管理人员	8 000	生产人员	0	25	0	5 000
研发人员	10 000	研发人员	0	0	10	10 000

注意：

（1）人员招聘后当季度可以使用，并投入到相应的岗位上。

（2）资质认证投入后，下季度才能产生作用，并永久生效。

六、销售部

（一）销售方式

在本模拟实训中，制造企业的主要销售方式包括三种：

第一种为电子商务。也即通过在系统模拟的市场中进行竞单销售。采用此方式销售产品，企业必须投入广告费，开拓市场，才能接到该市场的订单。

第二种为竞标。制造企业分别可以在经营中参与招投标中心的市场竞标活动，取得销售订单。竞标必须按照招标人的要求准备标书参与竞标。

第三种为谈判。制造企业之间谈判，签订销售合同进行产品销售。

（二）销售竞单

输入订单数量、价格，得到竞单分数，评分参数参见图6-43。

（三）订单交付

订单的交付时间都是本期交付，只要库存满足订单要求，便可以进行产品交付，并且将在下一季度获得货款。

（1）本地市场产品数量计算方法为：

本地需求=本市场内所有公司的上一季度总产量×对应的市场需求比例+本市场内所有公司的上一季度总产量×（1-对应的市场需求比例）×本地市场在全部市场中所占到市场份额

（2）系统回收产品的参考价格是4 000元，每降低或者调高4元，将降低或者调高1分。

七、财务部

财务部主要负责办理企业记账、贷款、纳税、年检（或者企业管理部去办理年检）等业务。

如图6-48所示，点击"财务部—实习导航"，进入如图6-49所示的界面，去外围机构办理相关业务。

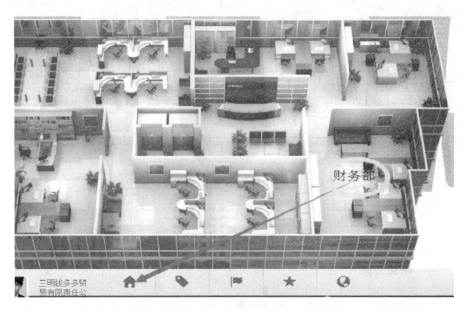

图 6-60

图 6-61

第六章 企业经营管理综合仿真实训

参考文献

[1] 王晶晶，郭小宁. 大学生创业的条件分析 [J]. 才智，2014 (27)：41，44.

[2] 张永成. 创业与营业 [M]. 北京：京华出版社，2008.

[3] 李吉红. 成本管理观念的更新与成本控制新思路 [J]. 才智，2009 (7)：178-179.

[4] 赵日磊. 从七个经典故事看目标管理 [J]. 中国电力教育，2010 (5)：70-72.

[5] 陈荣秋，马士华. 生产与运作管理 [M]. 3 版. 北京：高等教育出版社，2011.

[6] 范焱章. 基于战略采购的供应商选择评价指标体系研究 [J]. 企业研究，2012 (16)：9-12.

[7] 钱芝网. 影响战略采购成功实施的关键要素分析 [J]. 商业经济与管理，2009 (9)：11-16.

[8] 曹长荣. 浅析现代企业采购成本与库存管理 [J]. 中国集体经济，2014 (9)：45-46.

[9] 郭国庆. 市场营销学通论 [M]. 北京：中国人民大学出版社，2009.

[10] 朱超才. 市场营销基础 [M]. 合肥：安徽大学出版社，2010.

[11] 金英汉，林希贞. 星巴克的感性营销 [M]. 张美花，译. 北京：当代中国出版社，2006.

[12] 施永川. 大学生创业基础 [M]. 北京：高等教育出版社，2015.

[13] 王英杰，郭晓平. 创业教育与指导 [M]. 北京：机械工业出版社，2006.

[14] 罗碧华. 大学生创业孵化机制应用研究 [M]. 北京：世界图书出版公司，2013.

[15] 陈晓红，周文辉，吴运迪. 创业与中小企业管理 [M]. 2 版. 北京：清华大学出版社，2014.

[16] 巴林格，爱尔兰. 创业管理成功创建新企业 [M]. 北京：科学出版社，2010.

[17] 李家华，张玉利，雷家骕，等. 创业基础 [M]. 2 版. 北京：清华大学出版社，2015.